Rolus
In Balance: Karriere, Familie, Freizeit

Tania Rolus

In Balance: Karriere, Familie, Freizeit

Mehr Erfolg mit Work-Life-Balance

Beltz Verlag · Weinheim, Basel, Berlin

Foto: Silke Witzsch, München

Tania Rolus, Jg. 1969, ist freiberufliche Autorin und Redakteurin. 1998 gründete sie ihre Textagentur »wortkonzepte« in München und arbeitete zudem als gefragte Karriereberaterin im Internet.
Weitere Informationen erhalten Sie unter www.wortkonzepte.de.

Lektorat: Ingeborg Sachsenmeier

www.beltz.de
Herstellung: Klaus Kaltenberg
Satz: Mediapartner Satz und Repro GmbH, Hemsbach
Druck: Druckhaus Beltz, Hemsbach
Umschlaggestaltung: glas ag, Seeheim-Jugenheim
Umschlagabbildung: Corbis GmbH, Düsseldorf
Zeichnungen: Martin Ring, München
Printed in Germany

ISBN 3-407-36119-X

Inhaltsverzeichnis

Vorwort 7

All about Balancing 11

Einführung 12
Beschreibung 17
Ziele 22
Wege 25
Selbstcheck 31

Balanced Business 35

Souveräner Umgang mit den Vorgesetzten 36
Verhalten gegenüber Kollegen 39
Kundenbetreuung 43
Arbeitsabläufe 48
Feierabend 51
Durchsetzungsvermögen 57
Organisation 63

Balanced Personality 67

Motivationsmanagement 68
Soziale Kompetenz 72
»Kummerkasten Vorgesetzter« 78
Zufriedenheit 83
Kritikgespräche 89
Werte und Identifikation 97

Balanced Specials 103

Rabeneltern 104
Arbeitsplatzgestaltung 111
Intrigen: Im Auge des Orkans 116
Unzufriedenheit 121
Existenzgründung 125

Balanced Exercises 131

Gewohnheiten 132
Office-Training 137
Energietankstellen 140
Ernährung 144

Helpful Informations 149

Netzwerke und Institutionen 150
Erste Hilfe-Kontaktadressen 153
Buchtipps 165
Stichwortverzeichnis 168

Vorwort

Souveränität und Wohlbefinden in Beruf und Karriere

Erfolgreiche Menschen strahlen sowohl Energie und Power als auch Ruhe und Gelassenheit aus. Wie machen sie das? Es kann das Lebensalter sein, was einen entspannt wirken lässt, oder auch die immensen Qualifikationen, die man im Laufe der Jahre anhäufen konnte. Das allein kann aber nicht der Grund sein, gibt es doch Tausende hoch qualifizierter Führungskräfte, die innerlich immer noch ein kleines Kind oder, was schlimmer wäre, ein hektischer Despot geblieben sind. Unabhängig von Lebensalter und Erfahrung muss man festhalten, dass erfolgreiche Menschen es bestens verstehen, positive Energien zu mobilisieren und sich vor negativer Energie zu schützen.

Bei Work-Life-Balancing geht es genau um dieses Thema, darum, ihr inneres Kraftzentrum zu entdecken und bewusst zu steuern. Sind Sie erst einmal Herr beziehungsweise Frau über Ihre Emotionen und Sichtweisen, kann Ihnen so schnell nichts und niemand mehr ein X für ein U vormachen oder innere Panik bei Ihnen auslösen.

Bloßes Starren auf das Problem hat noch niemanden wirklich weiter gebracht. Sollten Sie also mit Ihren bisherigen Problemlösungs-Methoden an Ihren Grenzen angelangt sein oder den Wunsch verspüren, sich in den alltäglichen Interaktionen besser auszukennen, lehnen Sie sich erst einmal zurück und lesen Sie aufmerksam »All about Balancing« mit dem kleinen Exkurs in Sachen Balancing. Um nicht zu theoretisch zu werden und Ihnen praxisnah geeignete Wege aufzeigen zu können, werde ich einzelne Aspekte und Themen erst im Verlauf dieses Buches konkret und ausführlich darstellen – mit Beispielen, Übungen und Tipps.

Was Sie von diesem Buch erwarten können

Dieses Buch eignet sich für alle, die nicht nur ein dickes Gehalt vor Augen haben, sondern auch den damit verbundenen Ansprüchen dauerhaft gerecht werden und ein Optimum an Arbeits- und Lebensqualität erreichen wollen. Klar gegliedert zeige ich Ihnen solide, praxisnahe Lösungsansätze zu den ausgewählten Themen, die weit über schlichte Durchhalteparolen und Pauschallösungen wie »denk positiv und die Welt gehört dir« hinausgehen.

Weiterbildung leicht gemacht!

Dieses Buch soll Ihnen die ersten Schritte erleichtern, ihr Fachwissen mit mentalen (Führungs-)Qualitäten zu vereinigen. Ziel ist es, Ihnen konkrete Hilfen an die Hand zu geben, um schnell wieder entscheidungs- und handlungsfähig zu sein. Darüber hinaus werden Sie zu allen Problematiken die entsprechenden konkreten Lösungen finden, sodass Sie schnell wieder mit sich und dem speziellen Konflikt ins Reine kommen. Es wird Ihnen ernorm helfen genau zu wissen, was zu tun ist – und vor allem, wie! In dem Kapitel »Balanced Business« geht es vornehmlich um basal-berufliche Thematiken beziehungsweise eventuelle Kenntnislücken.

Bei »Balanced Personality« können Sie prüfen, inwieweit Sie ihre persönlichen Fähigkeiten im Berufsleben ausgeprägt haben und wie Sie diese in die Tat umsetzen können. Die »Balanced Specials« konzentrieren sich auf Themen, die sich unmittelbar in Ihrem beruflichen Alltag auf Ihr Selbstwertgefühl auswirken können und damit teilweise hochgradig konfliktbehaftet sind. In dem Kapitel »Balanced Exercises« werden Ihnen Möglichkeiten und Übungen nahe gebracht, schnell und unkonventionell ein hohes Maß an Ausgeglichenheit und Wohlbefinden zu erreichen. Das Kapitel »Helpful Informations« gibt jedem, der Hilfe sucht, umfangreiche Kontaktadressen mit Beschreibungen und wichtige Informationen. Last but not least werden in den Buchtipps zu jedem Thema dieses Buches Literaturhinweise angegeben, um eine mühelose Eigenrecherche möglich zu machen beziehungsweise zu erleichtern. Alles in allem ist dieses Buch die ideale Symbiose zwischen faktischem Wissen und übergeordnetem Denken.

Fazit: Zielorientiertes Handeln setzt zum einen voraus, dass Sie Ihre (eigenen) Ziele tatsächlich kennen und zum anderen, dass Sie innerlich hinreichend stabil sind, um auch langfristige Projekte und Hürden gelassen zu meistern. So werden Sie zu einem fachlichen aber auch menschlichen Vorbild heranreifen und sich weder um Ihre Karriereplanung noch um Ihr Wohlbefinden Sorgen machen müssen.

An dieser Stelle möchte ich mich von ganzem Herzen bei den hilfreichen Händen bedanken, die mir mit Rat und Tat zur Seite standen: Christine M. Huber (Literaturagentin), Petra Laurer und Claudia Stegmüller.

Kritik, Hinweise und Ergänzungsvorschläge für künftige Auflagen sind grundsätzlich erwünscht. Bitte richten Sie diese per Brief oder E-Mail an die Lektorin Ingeborg Sachsenmeier, Beltz Verlag in Weinheim (i.sachsenmeier@beltz.de). Vielen Dank.

Ihre Tania Rolus

Noch ein Wort in eigener Sache: Im Verlauf dieses Buches werden des Öfteren Begriffe wie beispielsweise Chef, Vorgesetzter, Angestellter, Mitarbeiter genannt – selbstredend ist hierbei stets auch die Chefin, die Vorgesetzte, die Angestellte, die Mitarbeiterin gemeint!

All about Balancing

Einführung

Was ist Balancing?

Die Arbeitsmärkte der heutigen Zeit reduzieren sich auf das Wesentliche. Industrialisierung, Automation und Globalisierung haben den Faktor Mensch weiter verdrängt – immer weniger gut dotierte Jobs für immer mehr gut ausgebildete Fach- und Führungskräfte. Zwar gibt es reichlich zu tun, doch bedarf es dafür in unserer derzeitigen vernetzten Welt nicht mehr der Menge an Arbeitskräften, wie noch vor zehn oder gar zwanzig Jahren. Die Luft wird dünner – auch in den Führungsetagen! Die goldenen Zeiten scheinen gerade zu verschnaufen und so fragt sich der beruflich Engagierte, wie er sich richtig und vor allem dauerhaft in einem Unternehmen positionieren kann. Die Karawane derjenigen, die bemüht sind, sich einen Traumjob zu ergattern, wird zusehends länger und praxiserfahrene Quereinsteiger sorgen dafür, dass sich niemand mehr erlauben kann, sich lange auf seinen Lorbeeren auszuruhen.

Karriere um jeden Preis? Das kann es wohl nicht sein

Junge Führungskräfte müssen zudem feststellen, dass im Arbeitsalltag Konflikte und Problematiken zu bewältigen sind, die vorab unter Umständen nicht ausreichend bedacht oder falsch eingeschätzt wurden. Dadurch wird das alltägliche Miteinander gestört und raubt den Betreffenden Kraft, Konzentration und die Energie, sich um wesentliche Betriebsprozesse zu kümmern. Das wiederum löst Hilflosigkeit und Überforderung aus und steht damit den eigentlichen Zielen gewaltig im Weg.

Des Weiteren steht die Sinnhaftigkeit von ausschließlich karrieristischem Denken und Handeln auf dem Prüfstand. Immer mehr Manager beklagen nicht nur latente Überforderung, sondern auch gesundheitliche Einbußen sowie den Einbruch von tatsächlicher Lebensqualität. Eine Yacht vor Madeira und überteuerte Restaurants haben bisher noch nie eine Krankheit geheilt, keine Unzufriedenheit dauerhaft besiegt oder gar den Sinn des Lebens erklärt. Gekauftes Glück ist geliehenes, oder besser geleastes Glück. Ist das Geld und die Macht weg, ist auch das grandiose Lebensgefühl verloren.

Gelingt es Ihnen nicht, erst mit sich selbst ins Reine zu kommen und dann mit Ihrem Lebensmodell beziehungsweise mit Ihren Karriereabsichten, werden Sie rückblickend und verstört feststellen müssen, wie viel Ihrer kostbaren Lebenszeit und -energie bei dem Nachjagen märchenhafter Illusionen draufging. Denken ist nicht Handeln!

Merke: Tragen Sie Sorge dafür, dass Sie in der Gegenwart oder zumindest in absehbarer Zeit zufrieden und glücklich sind! Beginnen Sie jetzt. Sie werden in Ihrer persönlichen Entwicklung stehen bleiben und langfristig missmutig werden, wenn Sie sich wehren, neue Betrachtungsweisen und Hilfen anzunehmen und auszuprobieren.

An wen erinnert Sie das? Wahrscheinlich gibt es reichlich Personen in Ihrem Umfeld, auf die diese Aussage zutreffen könnte. Menschen, die sich nicht mehr verändern möchten oder nur das lernen wollen, was Ihnen materielle Vorteile bringt, werden das bleiben, was sie sind. Egal, ob mit oder ohne Geld. Wollen Sie das? Probleme im Job oder Privatleben kommen nicht von ungefähr und die anderen sind oft weit weniger Schuld an eigenen Frustrationen, als wir uns das eingestehen. Und selbst wenn – es gibt Wege, mit diesen Fallstricken in der Zukunft gelassener und souveräner umzugehen, ja sogar den einen oder anderen Problemfall völlig aufzulösen.

Viele verschreckt schon das Wort Veränderung als solches. Bei näherer Betrachtung ist Veränderung jedoch nur unangenehm, wenn man keine andere Wahl hat, also auf Grund besonderer Umstände gezwungen ist (Jobwechsel, Trennungen und so weiter). Sie aber sollten sich aus freien Stücken dazu entscheiden, so früh wie möglich eine optimale Sicht- und Handlungsweise einzunehmen, um selbstsicher und freudvoll dem Alltag ins Auge zu blicken. Übernehmen Sie erst gezielt Verantwortung für Ihre eigene Person – dann können Sie das auch für andere.

Auf den Punkt gebracht: Wozu dient Balancing und wodurch unterscheidet es sich von Wellness?

Um Führungspositionen bekleiden zu können, müssen Sie Ihr Inneres schulen und wachsen lassen. Nur dann sind Sie dauerhaft in der Lage, anderen ein Vorbild zu sein. Zudem erlangen Sie mehr und mehr jene Autorität, die Sie nicht nur für Ihre Untergebenen, sondern auch bei den gehobenen Führungsebenen brauchen werden.

Balancing auf dem beruflichen Weg. Dies bedeutet, Stringenz in die Dinge zu bringen sowie Sachkompetenzen, Selbstbewusstsein und Wohlbefinden so aufeinander abzustimmen, dass Sie morgens mit einem Lächeln das Büro betreten und dem Tag gelassen entgegen sehen können. Nicht als vergeistigtes Wesen, sondern als Führungsperson mit Fachwissen, Entscheidungskraft und hoher Sozialkompetenz! Nicht als »Dauerbrenner« auf dem Weg zum Burnout, sondern als ein Mensch, der das gesunde Maß der Dinge kennt und einschätzen kann. Nicht als Despot (die meist alle mit defizitärem Selbstwert geschlagen sind!), sondern als Person, der man Respekt entgegenbringt, der man etwas abverlangen, aber sich auch anvertrauen kann.

Ausgeglichenheit ist kein Attribut des Alters!

Das geht alles bereits im Hier und Jetzt und Sie müssen nicht einmal warten, bis Ihnen würdevolle grau melierte Schläfen gewachsen sind. Sie werden feststellen, wie sich Ihre Wirkung auf andere verändert und man Ihnen automatisch mehr Aufmerksamkeit und Vertrauen schenkt. Genau das ist es, was Ihnen, in Verbindung mit fachlicher Kompetenz, den Weg nach oben ebnen wird. Indem Sie Ihr Inneres auf das Wesentliche fokussieren, bleibt Ihnen mehr Raum für andere Dinge, sei es die Karriere oder Ihr privates Glück. Dies ist ohnehin nicht mehr voneinander zu trennen. Selbst Skepti-

Merke: Auch Industrien, freie Wirtschaftsunternehmen und Beauftragte auf Landes- und Bundesebene haben den Sinn der Ganzheitlichkeit erkannt und binden diese immer stärker in ihre Geschäfts- und Organisationsmodelle mit ein.

ker müssen einräumen, dass Ganzheitlichkeit der Inbegriff unserer Natur ist und dauerhafte Leistung und Effizienz darin Ihren Nährboden finden.

Balancing fördert persönliches Wachstum. Fakt ist, dass Sie für eine solide Karriere, in der Sie sich tatsächlich verwirklichen können, einiges mehr brauchen als Sachkenntnisse, guten Willen und große Worte. Darüber hinaus können Sie zwei Fliegen mit einer Klappe schlagen: Zum einen werden Ihre beruflichen Erfolge stabiler, zum anderen wird Ihr neues Wohlbefinden sich erheblich auf Ihre privaten Beziehungen auswirken. Wer ein hohes Maß an innerer Klarheit und Sicherheit in sich trägt, braucht keine anderen Meister – er ist sein eigener! Vorerst müssen Sie jedoch eines akzeptieren: Wann immer Sie etwas wollen, müssen Sie in irgendeiner (geeigneten) Form dafür investieren. Wollen Sie ganz an die Spitze, müssen Sie Tag und Nacht auf das Geschäft konzentriert sein. Wollen Sie eine erfüllte Partnerschaft, müssen Sie ebenfalls Zeit und Aufmerksamkeit investieren, um diesen Wunsch wahr werden zu lassen. Wollen Sie Kinder, gilt das Gleiche (jeder allein erziehende Elternteil wird Ihnen das stöhnend bestätigen!). Wie kommen Sie nun an die so heiß ersehnte Balance?

Balancing ist kein Hokuspokus: Immer noch stellen sich beim Stichwort »Balancing im Beruf« einigen Zuhörern die Nackenhaare auf: »Alles esoterisches Blabla, Mumpitz, Scharlatanerie!« Nur Narren erwarten Wundermittel. Nur Narren überlassen es dem Zufall: (oder dem Chef!), die Weichen für das eigene Wohlbefinden zu stellen. Hier jedoch geht es um Grundlagenarbeit. Nicht abgehoben, nicht weltfremd, nicht esoterisch. Doch es gibt Dinge, die man beim ursprünglichen Namen nennen muss – auch in diesem Buch. Mag es für Ungeübte anfänglich auch befremdlich klingen – schnell werden Sie feststellen, dass es genau so und nicht anders formuliert die Fakten besser beschreibt, als jede geschliffene und glatte Managementsprache. Die heben Sie sich lieber schön für Ihre Meetings auf. Um unnötige Irritationen zu vermeiden, sollte vorab ein wenig Licht ins Dunkel gebracht werden.

Was unterscheidet Balancing von Wellness?

Bei Balancing geht es – im Gegensatz zu Wellness – nicht darum, lediglich mal die »Seele baumeln zu lassen« und dann fühlt man sich gleich besser (... bis zum nächsten Konflikt). Wenn Sie das wollen, fahren Sie lieber übers Wochenende zur Erholung auf eine Wellness-Farm.

Merke: Grob erklärt dient Wellness als Oberbegriff für Wohlbefinden im Allgemeinen und zielt im Grunde darauf ab, Sie über verschiedenste Methoden der »Körperlichkeit« zur Entspannung zu bringen. Hierbei wird etwas mit Ihnen gemacht (Bäder, Massagen, Kosmetik, Anwendungen und vieles mehr) – bei Balancing müssen Sie dagegen selbst ran und neue Betrachtungs- und Bewertungsprofile implementieren!

Auch beim Balancing wird Ihnen Soforthilfe geboten. Da dies jedoch über Ihren Intellekt und Ihre Empathie geschieht, werden Sie dauerhaft Erleichterung finden, sicherer und gut gelaunt in den Arbeitstag starten und darüber hinaus Ihre soziale Kompetenz steigern.

Seiwert, Lothar J.: Life-Leadership. Sinnvolles Selbstmanagement für ein Leben in Balance. Campus, Frankfurt a.M./New York 2001.

Beschreibung

Welche Definitionen gibt es über Balancing?

Es ist wie mit allen Dingen, die viel versprechend klingen: Jeder beansprucht ein Recht darauf, mancher sogar ein Vorrecht. So ist es beispielsweise bei dem Begriff Wellness, den es im Englischen übrigens gar nicht gibt. Wellness ist eine freie Wortschöpfung, die sich so mancher auf die Fahne geschrieben hat, häufig sogar mit dem Anspruch, dieses Wort im Grunde erschaffen und geprägt zu haben. Nun, ähnlich gilt dies auch bei Balancing. Dagegen ist nichts einzuwenden, denn im Grunde sind neue Wortschöpfungen die Triebfeder unserer sprachlichen Evolution. Sprach-, Denk- und Verhaltensmuster verändern sich dadurch mit der Zeit und passen sich so der gelebten Gegenwart an. Das ist auch gut so, denn welche Führungspersönlichkeit fährt schon auf das Stichwort »im Einklang« beziehungsweise »im Gleichgewicht« sein ab? Mit dem Begriff »Work-Life-Balancing« geht der Betrachter sofort ganz anders um, spürt er doch die Kernaussage dieses Begriffes wesentlich intensiver und empfindet diese als aktuell und lebensrelevant.

Hilf dir selbst, sonst hilft dir keiner!

Tatsächlich ist es in der heutigen Arbeitswelt nötig, dem Einzelnen klar zu machen, dass er stärker als in früheren Zeiten auf sich selbst angewiesen ist. Die Epochen, in denen der Chef eine Art Vaterrolle eingenommen hat, sind endgültig vorbei, der Tarifschutz bröckelt und deutschlandweit flexibel und mobil soll man auch noch sein. Selbst die Hilfe, mit diesen neuen Anforderungen klar zu kommen, muss sich der Einzelne selbst organisieren. Um Überforderungen zu begegnen, der täglichen Hektik zu trotzen und Hemmschwellen abzubauen, ist dieses Buch dem Thema Balancing gewidmet. Gehen Sie selbstbewusst mit diesem Begriff um – er ist der Schlüssel zu mehr Lebensenergie, Freude und Wohlbefinden.

Auf den Punkt gebracht: Was versteht man alles unter Balancing?

Bedeutungen, Abwandlungen und Assoziationen werden auch hier stets aufs Neue geboren, sodass es angebracht scheint, sich vorab einen Überblick über die derzeit gängigsten Definitionen zu verschaffen. Sie erhalten hier einen Querschnitt aus verschiedenen Quellen wie Internet, Nachschlagewerke sowie aktueller Fachliteratur. Zunächst jedoch ein wahres Wort (Situation erkennen – beurteilen – handeln), dessen Aussage man einen Moment verinnerlichen sollte:

> *»Wenn man sich jemanden vorstellt, der tapfer genug ist, die Projektionen seiner Illusionen allesamt zurückzuziehen, dann ergibt sich ein Individuum, das sich eines beträchtlichen Schattens bewusst ist. Solch ein Mensch weiß, dass, was immer in der Welt verkehrt ist, auch in ihm selber ist, und wenn er nur lernt, mit seinem eigenen Schatten fertig zu werden, dann hat er etwas Wirkliches für die Welt getan.«* (C.G. Jung)

Im Fremdwörter-Duden finden Sie unter Balancing folgende Erläuterung: »... (in Bezug auf eine Situation, Lage in der es schwierig ist, Mühe macht, das Gleichgewicht nicht zu verlieren) das Gleichgewicht halten, sich im Gleichgewicht fortbewegen ...«

Beschreibt diese Definition nicht genau das, was wir in derlei Situationen erreichen und leben wollen? Work-Life-Balancing hilft Ihnen dabei.

Work-Life-Balancing: Strategien und Methoden, Arbeit und Leben in Einklang zu bringen. Darüber hinaus erlernen Sie die Verwertung und Verinnerlichung von praktischen Erfahrungen für eine ausgeglichene Lebensgestaltung. Dadurch balancieren Sie ausgewogen die beiden Pole Beruf und Privatleben, da Sie Ihr eigenes Balance-System entwickeln können.

Beschreibung: Work-Life-Balancing reduziert sich nicht (wie bei diversen anderen Balancing-Begriffen oder auch bei Wellness) auf die körperliche Arbeit zur Stärkung von Energie und Wohlbefinden, sondern tritt gesamthaft als eine Art Coaching-Programm gegen berufliche Überforderung und Unterdrückung der eigenen Lebensenergie an. Dabei bedient es sich übergreifend ganzheitlicher Lehren und psychologischer Grundsätze, ohne auf eine bestimmte psychosomatische oder spirituelle Lehre fixiert zu sein. Klar gefordert ist die eigenverantwortliche Reflexion und die Umsetzung der dabei entstandenen Erkenntnisse.

Nur so werden sowohl das Selbstwertgefühl als auch das Wohlbefinden durch die zielorientierte Eigenleistung der Betroffenen unterstützt und gefördert. Die direkte Verwirklichung der Lösungsansätze in der Praxis, also dem beruflichen Alltag, steht hierbei im Vordergrund.

Es gibt in dieser Welt keine wirkliche Erfüllung, die ohne Lebensbalance zu erreichen wäre. Probleme auszublenden führt auf Dauer gesehen ins Chaos. Hier finden Sie individuelle Lösungswege, die Ihnen erlauben, mit dem täglichen Druck langfristig erfolgreich umzugehen und vor Lebensenergie und gesundem Selbstwert zu strotzen.

Rei-Ki-Balancing®: Ganzheitliche und prozessorientierte Energiearbeit, abgeleitet und weiterentwickelt aus dem »Usui-System der natürlichen Heilung«.

Beschreibung: In der traditionellen Rei-Ki-Lehre findet durch die Öffnungen im oberen Bereich des menschlichen Energiesystems gleichzeitig eine gewisse Betonung des oberen Pols von Ki statt (Yang-Betonung). Rei-Ki-Balancing stellt nun durch zusätzliche Öffnungen im unteren Bereich der Yin-Betonung einen energetischen Ausgleich zwischen den Kräften her. Dies verleiht dem menschlichen Energiesystem eine vollkommen neue Balance, verstärkt die Verbindung zu Mutter Erde und integriert so auch den unteren Pol in die Rei-Ki-Energiearbeit. Gleichzeitig wird das Herzzentrum als spirituelles Zentrum verstärkt. Eine vollständige Integration der Yin-Komponente bedingt auch die Miteinbeziehung des Körpers und ist Voraussetzung für ganzheitliches Wachstum.

Zero Balancing®: Hierbei handelt es sich um ein strukturelles Akupressursystem mit dem Ziel, Struktur und Energie ins Gleichgewicht zu bringen.

Beschreibung: Mit einer hoch entwickelten und verfeinerten Art, den Körper zu berühren und zu behandeln, wird auf der Knochenebene am bekleideten Körper gearbeitet. Der Energiefluss wird mit einer besonderen Technik an den Gelenken, der Wirbelsäule und dem Rippenkorb erfühlt und durch sanften Druck oder Drehung gelenkt. Dadurch entsteht Raum in den Gelenken, und die Bänder und Muskeln werden entspannt, was zu größerer Bewegungsfreiheit führt. Es entstehen im Körper durch diese Art der Berührung starke und klare Kraftfelder und erweiterte Bewusstseinszustände. So erhalten Körper und Seele die Möglichkeit, Stress und krank machende Muster loszulassen und sich neu zu orientieren.

Aqua Balancing: Aqua Balancing wurde vor etwa 20 Jahren aus dem Shiatsu, der japanischen Druckpunktmassage, und dem Wata, dem Wassertanzen zur Verbesserung des Energieflusses entwickelt.

Beschreibung: AQUA Balancing ist eine sanfte Therapie im 35 Grad warmen Wasser zur Förderung der psychomotorischen Regulation, also zum Ausgleich der körperlichen und emotionalen Spannungen. Durch die rezeptive Bewegung im schwerelosen Element Wasser ist es möglich, »vergessene« Bewegungsmuster zu reaktivieren und damit Koordination, Beweglichkeit und Regenerationsfähigkeit zu steigern. Darüber hinaus gibt das Wasser die Gelegenheit, sich an Gefühle der Unversehrtheit und Geborgenheit im Mutterleib zu erinnern, wieder Orientierung und Motivation zu erfahren und das eigene kreative Potenzial zu wecken.

Waterbalancing: Tiefenentspannung für Stressgeplagte. Ganz ähnlich wie beim Aqua Balancing entsteht hier die Harmonie durch das Wasser.

Beschreibung: Das Waterbalancing, entwickelt vom Diplom-Psychologen Gunter Freude, ist eine Form der Körperarbeit, die ganz auf ruhige Bewegungen im warmen Pool setzt. Stressgeplagt kommen Sie an – und dann werden Sie sanft getragen und schweben ohne jede Anstrengung schwerelos im körperwarmen Wasser. Durch einfühlsame, rhythmische Bewegungen wird Ihr Körper geschmeidig und erfährt Geborgenheit und Urvertrauen.

Craniosacral Balancing®: Intensive, sanfte, nicht-invasive Körpertherapie, die mit dem Pulssystem der Gehirn- und Rückenmarkflüssigkeit arbeitet. Der craniosacrale Rhythmus wird von der Bewegung der Cerebrospinalflüssigkeit verursacht, die unser Gehirn und Rückenmark ernährt und schützt. Diese Flüssigkeit bewegt sich durch das durale Membransystem, welches sich vom Schädel (Cranium) bis zum Kreuzbein (Sacrum) ausdehnt. Das craniosacrale System stellt vom Moment der embryonalen Entwicklung bis zum Tod das »innere Milieu« für Wachstum und Funktionsfähigkeit des Zentralnervensystems zur Verfügung und ist wie Atmung oder Herzschlag am Körper spürbar.

Beschreibung: Durch seine Verbindung zum Nerven-, Gefäß-, Lymph-, Atmungs- und endokrinen System wird das craniosacrale System beeinflusst, und dies wirkt wiederum auf die anderen Systeme. Es hat somit Einwirkung auf alle wichtigen psycho-physiologischen Vorgänge im Körper. Mit Hilfe von Craniosacral-Therapie® kann ein Ungleichgewicht im craniosacralen System aufgespürt und durch sanfte und sehr exakte Manipulation an Cranium, Membranen und Bindegewebe gelöst und ausbalanciert werden. Craniosacral Balancing® folgt feinen, spontanen, inneren Bewegungen des Bindegewebes und findet so Zugang zu tiefen Erinnerungen, Gefühlen und Verletzungen, die dort gespeichert sind. Durch bewusstes Wiedererleben und Verstehen können körperliche oder emotionale Traumata und mentale Muster losgelassen werden. Der craniosacrale Puls kann sich wieder ungehindert ausdehnen.

Ziele

Welche Zielsetzungen verfolgt Balancing?

Eine sinnvolle Balance in der Lebensplanung finden

Im Beruf ein toller Hecht, im Privatleben ein Geschenk Gottes? Für die meisten nicht machbar. Der Tag hat nur 24 Stunden und da sind auch noch die eigenen Bedürfnisse, die Zeit in Anspruch nehmen. Die richtige Mischung zu finden ist sicher nicht einfach. Besonders dann nicht, wenn man nur schwer in der Lage ist, sich einzugestehen, dass man auch nur aus Fleisch und Blut ist und dankbar sein kann, wenn alles ohne größere Schwierigkeiten über die Bühne geht. Mit dem Begnügen ist das allerdings nicht so einfach, denn meist will doch jeder ein Stück vom großen Kuchen oder besser den Megajob, den Traumpartner und Freizeit en masse.

Auf dem Weg dorthin macht es Ihnen die Dinge leichter, wenn Sie sich vergegenwärtigen, wo ihr Herz tatsächlich zu Hause ist und wo Sie die meiste Unterstützung erhalten. Work-Life-Balancing hilft dabei, sich seiner realen und emotionalen Welt bewusst zu werden, sich gut darin auszukennen und dadurch selbstbewusster und zielgerichteter zu werden. Bei Work-Life-Balancing verbindet sich übergeordnetes Denken und Fühlen mit der praktischen, zielorientierten Umsetzung im (Arbeits-)Alltag.

Auf den Punkt gebracht: Wie können Sie Ihre Ziele filtern und sinnvoll gewichten?

Karriere ist gut und schön, aber mit wem wollen Sie die Früchte Ihres Erfolges teilen, wenn Sie bereits auf dem Weg dorthin Ihre Lieben vergrault oder vernachlässigt haben? Es geht hier nicht nur um Ihr eigenes Lebensglück – auch das Glück Ihrer Familie und Freunde steht auf dem Spiel. Die Balance in der Lebensplanung zählt. Die folgenden fünf Schritte werden Ihnen dabei helfen.

Schritt 1: Warnsignale erkennen. Stress mit Freunden? Der Partner fühlt sich vernachlässigt? Ihre Standardreaktion: »Alles geht nun einmal nicht – darum kümmere ich mich zu einem späteren Zeitpunkt!« Häufige Vertagungsgedanken sind ein untrügliches Zeichen, dass die Gewichtung nicht stimmt und man sich insgeheim überfordert fühlt. Ihnen fehlt die Aufmerksamkeit und die Kraft, sich um das Private zu kümmern. Bedenklich wird es in jedem Falle dann, wenn Sie trotz Selbstschutztendenzen zunehmend das Gefühl haben, im Grunde etwas zu verpassen.

Schritt 2: Der Realität ins Auge blicken. Vielleicht fällt es Ihnen leichter Prioritäten zu setzen, wenn Sie spüren, wo Ihr inneres Zuhause ist. Wie oft bringt Ihr Partner Sie aus dem Gleichgewicht, sodass Sie die Probleme und Verwirrungen mit in die Arbeit nehmen und herumgrübeln? Schätzen Sie die Tage pro Woche oder Monat und notieren Sie diese auf einem Zettel. So, und nun: Wie sieht es umgekehrt aus – wo zündeln Sie im Privatleben? Schnell haben Sie heraus, wer oder was Ihnen hier tatsächlich das Leben schwer macht und wo Sie sich geborgen und sicher fühlen können.

Schritt 3: Lebensgewichtung überprüfen. Leben Sie nur noch für die Arbeit und kommen eigentlich nur noch zum Schlafen nach Hause? Reden Sie sich bewusst oder unbewusst den Stress schön? Bringen Sie Transparenz in Ihre Gedanken und Gefühle: Malen Sie einen Kreis (Kuchen), in den sie anteilmäßig einzeichnen, wie viel Zeit Sie für die einzelnen Lebensbereiche aufwenden. Diese sind Familie, Beruf, Hobbys. Schließen Sie die Augen und lassen Sie das Ergebnis auf sich wirken. Wie fühlen Sie sich mit der derzeitigen Gewichtung? Malen Sie nun einen Kreis, wie die für Sie ideale Verteilung aussähe.

Schritt 4: Leben ist heute. Haben Sie sich jemals den Relationen gestellt? Stellen Sie auf einem Blatt Papier Ihre bereits gelebte Zeit der noch zu erwartenden gegenüber. Rechnen Sie dabei in Tagen – nicht in Jahren. Mit was haben Sie die bisherige Lebenszeit verbracht und was wollen Sie unbedingt noch erleben? Die Uhr tickt – leben Sie also heute! Zudem kann Ihnen niemand garantieren, dass Ihnen die selbst prognostizierte Lebenszeit auch tatsächlich zur Verfügung steht. Worst-Case-Szenario: Wenn Sie morgen sterben würden, welche drei Dinge würden Sie noch tun?

Schritt 5: Von Zwängen befreien. Selbstbestimmte Menschen sind glücklicher, selbst dann, wenn sie viel arbeiten. Deshalb ist es wichtig zu wissen, was man tatsächlich will: Überstunden machen? Alle Aufgaben ohne fremde Hilfe erledigen? Muss in der Regel nicht sein. Ist aber erlaubt, wenn Sie es wirklich wollen. Stehen Sie dann dazu, indem Sie sagen: »Ich will mehr arbeiten, weil mir im Moment meine Karriere wichtiger ist.«

> **Merke:** Nach diesem Muster sollten Sie alle vermeintlichen Zwänge (zum Beispiel alte, aber überholte Bekanntschaften oder Netzwerke, Hobbys, Ordnungsliebe, vielleicht sogar Putzwahn) Ihres Lebens unter die Lupe nehmen. Wo es nicht stimmt – weg damit!

Wege

Wie finden Sie zu Ihrem inneren Gleichgewicht?

Ich wage zu behaupten, dass der Grund für zahlreiche Vorbehalte in punkto Balance einzig und allein in dem Stück innerer Eigenleistung liegt, welches man sich für einen souveränen Umgang mit Alltags-, Beziehungs- und/oder Berufsproblematiken anzueignen hat. Die Frage drängt sich also auf, warum so viele Menschen zwar ein grandioses Lebensgefühl haben wollen, aber dafür so wenig zu investieren bereit sind. In diesem Buch allerdings werden Sie unmittelbar aufgefordert, auch an Ihrem eigenen Inneren, Ihrer Wahrnehmung, Ihrer Einstellung und Ihren Lösungsansätzen zu arbeiten.

Das ist neu, ungewohnt und bisweilen wider die bisherigen Verhaltensgewohnheiten. Lieber gehen wir auf sachorientierte Seminare und Schulungen oder belassen es gleich ganz bei den althergebrachten Führungsstilen, auch wenn man selbst unter diesen während der Ausbildung gelitten hat. Der Haken an der Sache: Um sich selbst und damit Ihren Entscheidungen vertrauen zu können, müssen Sie innerlich reif, stabil und souverän sein. Dies wird in derlei Weiterbildungsmaßnahmen leider oft vernachlässigt. Geben Sie sich damit nicht zufrieden und sorgen Sie offensiv und selbstbewusst für eine Trendwende und Erweiterung Ihrer Führungsqualitäten.

Auf den Punkt gebracht: Wie finden Sie den Weg zu Ihrem inneren Kraftzentrum?

Die Reise in das eigene Innere ist viel spannender, als sich der eine oder andere auszumalen vermag. Das Ziel ist, sich selbst kennen zu lernen, das innere Kraftzentrum aufzuspüren und damit dem vertrauenswürdigsten Führer zu begegnen, dem man sich für die »Reise des Lebens« überhaupt nur wünschen kann: sich selbst.

Konflikte und Irritationen entstehen meist dann, wenn sich Betroffene ausschließlich Rat von außen besorgen (und sich womöglich noch blind darauf verlassen), dieser Rat aber nicht mit den eigenen Bedürfnissen und Befähigungen im Einklang steht. Dann ringt man mit sich und liegt vielleicht gezwungenermaßen stundenlang auf der Couch, um die Meinung anderer mit der eigenen irgendwie zusammenzubringen. Am besten, Sie sprechen erst einmal mit Ihrem eigenen inneren Ratgeber, bevor Sie sich von anderen sagen lassen, was gut und richtig für Sie ist.

Es gibt verschiedene Wege zu mehr Kraft und Energie!

Me, myself and I

Nur wer sich selbst gut kennt (beispielsweise Wünsche, Talente, Stärken, Schwächen oder Aversionen) ist in der Lage, sein Leben in seinem Sinne, und vor allem seinem wahren Naturell entsprechend, zu verändern und einzurichten. Eruieren Sie zunächst den Status quo Ihrer derzeitigen Lebensphase sowie den damit verbundenen Gefühlen und Blockaden. Gehen Sie mit sich in medias res und fragen Sie sich: Was kommt in meinem Leben zu kurz und wie gehe ich mit mir selbst um?

Talente und Träume: Was sind Ihre eigenen Träume, Interessen und Sehnsüchte? Welche Talente liegen bei Ihnen derzeit ungenutzt brach? Knüpfen Sie erneut an diese Träume an und lassen Sie Ihre Talente wieder zu neuem Leben erblühen.

Hinweis: Wer ständig nur darum bemüht ist, es anderen (Partner, Vorgesetzten, Kollegen) recht zu machen, verliert den Draht zu sich selbst! Konflikte werden so lediglich vom Außen fern gehalten und verbleiben dadurch im Inneren.

! **Merke:** Für sich selbst gut zu sorgen, hat mit Egoismus nichts zu tun, sondern mit Verantwortung. Die müssen Sie, neben vielen anderen Dingen, eben auch für Ihr Wohlbefinden übernehmen.

Selbstwert: Beginnen Sie endlich damit, sich selbst zu mögen. Mit all Ihren Stärken und Defiziten. Testen Sie sich: Wie und worauf stützt sich Ihr Wert als Mensch?

Hinweis: Ihre Leistungen haben nichts damit zu tun, was Sie als Mensch ausmacht! Der Grundsatz »Ich bin, was ich leiste« liefert Sie lediglich den Vorstellungen Ihrer Umgebung aus. »Ich bin, was ich bin« ist die wirkungsvollere Variante, unabhängig davon, wie andere Sie gerne hätten oder was diese in Ihnen sehen.

Selbstgespräch: Achten Sie auf Ihre inneren Dialoge! Sollten Sie mit sich selbst sprechen (schimpfen, motivieren, beruhigen) oder ein Tagebuch führen, dann seien Sie bemüht, in keiner Weise abwertend mit sich zu sein, zum Beispiel: »Du Idiot, wann lernst du endlich, dein Team im Griff zu haben!«

Hinweis: Gehen Sie Selbstgespräche liebevoller an und ergründen Sie, was Sie statt »ärgern« konkret an Ihrer Arbeits- und Umgangsweise verbessern können.

Aus-Zeiten: Erfolgsmenschen brauchen Zeit für sich! Genehmigen Sie sich diese kleinen Fluchten aus dem Alltag und tanken Sie kurzfristig wieder auf.

Hinweis: Mindestens einmal pro Tag sollten Sie sich bewusst eine viertel oder halbe Stunde abseilen und für sich sein (ein Abendspaziergang im Grünen, ein heißes Bad hinter verschlossenen Türen, eine Meditation vor dem Aufstehen).

Das Leben sehen: Was gefällt mir heute Morgen besonders gut? Was gibt es heute Schönes zu entdecken?

Hinweis: Kinder machen es uns vor – es ist extrem wichtig, die Kleinigkeiten und täglichen Geschenke wahrzunehmen und zu genießen (ein tolles Panorama auf dem Weg zur Arbeit, eine farbenfrohe Blume, den Duft von frischem Kaffee).

Partner und Familie

Einer der wesentlichen Faktoren für ein zufriedenes Dasein ist das intakte private Umfeld. Ohne Verständnis, Unterstützung und Rückendeckung Ihres Partners beziehungsweise Ihrer Familie haben Sie es doppelt schwer, sich den teilweise rauen Winden des Berufsalltags tapfer entgegenzustellen. Sie sollten für Ihren Teil alles tun, was diesen Zusammenhalt fördert und Harmonie ins Privatleben trägt. Wie viel inneren Kontakt haben Sie zu Ihrem Partner und auf was kommt es wirklich an?

Kommunikation und Zusammenhalt: Seien Sie offen und lassen Sie Ihren Partner an Ihrem Alltag teilhaben. Nicht das Gemotze über den Kollegen oder Chef ist hier gefragt, sondern der kurze Bericht über Ihre Empfindungen. Interessieren Sie sich ebenso aufmerksam für den Tag Ihres Partners und stellen Sie sich nicht ständig selbst in den Mittelpunkt.

Hinweis: Teilen Sie sich die Gesprächszeit – Ihr Leben ist evolutionstheoretisch nicht bedeutungsvoller, als das Ihres Partners, auch wenn Sie das gerne so hätten (Wert bemisst sich nicht an Leistung!).

Gemeinsamkeiten: Sorgen Sie dafür, dass es zwischen Ihnen und Ihrem Partner noch Gemeinsamkeiten gibt, die nicht ausschließlich mit Beruf oder Kindern zusammenhängen (Reisen, Musik, Kultur, soziales Engagement oder die Liebe zur Natur).

Hinweis: Erfolgreiche Menschen suchen (trotz vollem Terminkalender) intensiv den Kontakt zu ihren Kindern, da sie auf diese Weise Kontakt zu ihrer eigenen Gefühlswelt herstellen und sich mit »Kopf und Herz« wahrnehmen und empfinden. Das lässt Kräfte wachsen, und die emotionale Vertrautheit tut allen gut.

Merke: Treffen Sie bei latentem Zeitmangel Verabredungen mit Ihren Kindern und halten Sie sie unbedingt ein. Hören Sie auf, Ihren Kindern imponieren zu wollen oder sie mit Ihrem eigenen Leistungsanspruch zu behelligen. Lassen Sie Ihre Nachkommen möglichst sie selbst sein – das stärkt Vertrauen und Selbstbewusstsein. Sie müssen nicht »alles« kontrollieren!

Freunde

Echte Freunde sind etwas sehr Wertvolles, denn auch hier besteht das solide Fundament aus Zuneigung, Rückhalt und Loyalität. Allzu schnell jedoch mischen sich auch »falsche Fünfziger« in den auserwählten Kreis Ihrer Vertrauten oder Sie selbst neigen dazu, vordergründige Kumpanei mit Freundschaft zu verwechseln. Seien Sie aufrichtig, sorgen Sie für Klarheit und lernen Sie, die Spreu vom Weizen zu trennen. Bedenken Sie: Nur weil Sie jemanden etwas anvertrauen, ist er noch lange kein Vertrauter! Lustprinzip oder Nutzenrechnung? Überlegen Sie, was tatsächlich für Sie relevant ist und auf wen Sie getrost verzichten können.

Vertrauen: Stabile Freundschaften sind durch gemeinsame Interessen, Bedürfnisse, Erwartungen, Werte oder Weltanschauungen verbunden und sind damit eine Facette der eigenen Identität. Aufrichtigkeit, Geborgenheit und den Faktor Spaß gibt es zudem »for free«.

Hinweis: Die Kraftquelle von Freundschaften wurzelt im gegenseitigen Vertrauen. Ein guter Freund hört zu, versteht und ist verschwiegen – das gilt für beide Seiten!

Nutzwert: Lassen Sie bei Freundschaften strategische und opportunistische Erwägungen beiseite und verzichten Sie gedanklich auf das Stichwort »Netzwerk«.

Hinweis: Networking mag sich an anderer Stelle für Ihre Aufstiegschancen bezahlt machen, doch ziehen Sie daraus keine Kraft, Sicherheit und Geborgenheit für sich.

Merke: Freunde und Bekannte stärken das private Umfeld und geben Ihnen zudem Raum, hin und wieder unwissend, fehlbar und schwach sein zu dürfen. Sie eignen sich nicht als Auditorium für Ihre Eitelkeiten.

Zeit und Lebenszeit

Was wollen Sie aus Ihrem Leben machen? Was ist Ihnen wirklich wichtig? Auf was können Sie in punkto Lebensumstände, soziales Umfeld, soziale Sicherheit und emotionale Lage getrost verzichten? Bevor Sie sich einfach nur den Umständen und Gegebenheiten anpassen und auf ein glückliches Ende hoffen, sollten Sie kurz visualisieren, was Sie im Alter zum Beispiel Ihren Enkeln von Ihrem Lebensweg zu berichten hätten. Machen Sie sich klar, wofür Sie Ihre Zeit verwenden und wie Sie (bewusst oder unbewusst) Prioritäten setzen.

Prioritäten setzen: Fragen Sie sich ernsthaft, was Ihnen wirklich wichtig ist und wie Ihre ureigene Lebensvision aussieht.

Hinweis: Gönnen Sie sich auf jeden Fall die Zeit, in Ruhe darüber nachzudenken, was Sie tatsächlich mit Ihrem Leben vorhaben und für was Sie Ihre Lebenszeit eigentlich nutzen möchten. Ansonsten – das ist Fakt – vertrödeln Sie unnötig Zeit!

Zeit ordnen: Lernen Sie, Wichtiges von Dringendem zu unterscheiden! Das ist bei weitem nicht ein und dasselbe. Beispiel: a) Kollegen bei der Seminarplanung helfen oder b) Meeting vorbereiten.

Hinweis: Haben Sie keine Angst davor, auch mal Nein zu sagen. Wer permanent darauf erpicht ist, es allen recht zu machen, ist schnell überfordert.

Tempo und Ruhe kombinieren: Verquicken Sie Stressphasen mit Mußephasen und fragen Sie sich in den langsameren Momenten, ob das, was Sie tun, wirklich effektiv und strategisch wichtig ist. Wer ständig auf Hochtouren und unter Druck arbeiten muss, sollte dies unbedingt tun, sonst lässt die Konzentration rapide nach und es passieren unnötige Fehler.

Hinweis: Achten Sie darauf, für Ihren Tag auch Raum für Unvorhergesehenes einzuplanen.

Selbstcheck

Sind Sie in Balance?

Das mit der Balance ist so eine Sache. Mal fühlen wir uns gut, wir haben Rückenwind und treffen spontan die richtigen Entscheidungen. Die Kehrseite der Medaille sind aber die Tage, an denen alles schief zu laufen scheint und wir komplett aus dem Gleichgewicht geraten. An solchen Tagen reichen winzige Missgeschicke und Irritationen aus, um uns aus der Haut fahren zu lassen, wir werden missmutig oder gar aggressiv. Optimal wäre es, generell für Überblick und Gelassenheit zu sorgen, sodass Sie gar nicht erst in solch starke Gemütsschwankungen verfallen beziehungsweise selbst schnell für den Ausgleich sorgen können (wenn es Sie dann überhaupt noch belastet!) und somit nicht auf bessere Zeiten hoffen müssen.

Mit dem von mir kreierten Balancing-Test erfahren Sie in fünf Minuten, ob Ihr Leben optimal ausgeglichen ist (die Testauswertung finden Sie auf Seite 33f.). Hierbei handelt es sich um eine erste Orientierung, nicht um einen unter Umständen verhängnisvollen und hochoffiziellen Psychotest – also, nur Mut!

Balancing-Test

Kreuzen Sie bei jeder Frage an, welche Aussage auf Sie zutrifft:

Sitzen Sie gerne mit Freunden gemütlich und unbeschwert zusammen (lachen, reden und genießen)?

a) Nein – das brauche ich nicht. ☐
b) Ja – immer wieder gerne. ☐
c) Eher selten. ☐

Wann haben Sie das letzte Mal auf dem Sofa gelegen und nur gefaulenzt?

a) Gar nicht, das nervt. ☐
b) Ja, erst gestern. ☐
c) Weiß nicht mehr genau, das mache ich nur bei Bedarf. ☐

Augen schließen, 30 Sekunden nachdenken. Fallen Ihnen ein paar Lieblingsbeschäftigungen ein?

a) Nein. ☐
b) Ja natürlich: schlafen, entspannen, Kraft schöpfen. ☐
c) Eher weniger, der Job steht ganz oben. ☐

Wie reagieren Sie auf wiederholte Überstunden?

a) Mit Unmut, aber ich bleibe trotzdem. ☐
b) Okay. Wenn es sein muss, bin ich zur Stelle. ☐
c) Allzeit bereit. ☐

Verbringen Sie eine ordentliche Mittagspause?

a) Nein, ich arbeite häufiger durch. ☐
b) Aber natürlich. ☐
c) Eher nicht, ich erledige dann private Dinge. ☐

Sie haben sich etwas Wichtiges in den Kopf gesetzt: ungeliebte Telefonate erledigen, einen Rhetorikkurs belegen, aufhören zu rauchen. Tun Sie das auch?

a) Ehrlich gesagt: nein. ☐
b) Erst mal abwarten, ob es mir tatsächlich ernst ist. ☐
c) Na klar, Ehrensache. ☐

Ihr Chef wirft Ihnen noch Arbeit auf den Tisch, obwohl Sie ohnehin schon viel zu tun haben. Wie reagieren Sie darauf?

a) Toll, ist doch eine super Chance. ☐
b) Gerne, wenn ich an anderer Stelle entlastet werde. ☐
c) Ich versuche mein Bestes, ärgere mich aber. ☐

Jeder Mensch hat Zielvorstellungen, Fantasien und Sehnsüchte. Träumen Sie?

a) Nein. ☐
b) Aber sicher. Mir schwebt da ein ganz klares Bild vor Augen. ☐
c) Hin und wieder. ☐

Last but not least: Stehen Sie zu Ihrem Job?

a) Hurra – Besser geht's nicht! ☐
b) Ist wirklich okay, ich fühle mich wohl. ☐
c) Na ja, solange sich mir nichts Besseres bietet. ☐

Testauswertung

Alles unter einen Hut zu bringen bedeutet noch lange nicht, in Balance mit sich zu sein. Ob Sie tatsächlich vor Ausgeglichenheit strotzen oder sich die Dinge nur schön geredet haben, zeigt Ihnen die nachfolgende Testauflösung.

Überwiegend Antwort a) Job total!
Ist ja wirklich schön, wenn man gebraucht wird. Aber vor lauter Arbeit und Begeisterung hat sich bei Ihnen der Blickwinkel bereits gehörig verschoben – denn auch privat werden Sie gebraucht. Ihr Privatleben kommt zu kurz. Die Ausrede: »Darum kümmere ich mich später!« gilt nicht. Sie leben heute und nicht morgen. Für Sie wäre es wichtig, gezielt gegenzusteuern – und zwar in Richtung Vergnügen. Die Schritte 4 und 5 bei »Schritt für Schritt zur Balance« (s. S. 24, Beitrag »Ziele«, Lösungsteil) werden Ihnen dabei helfen, sich ein paar Freiräume zu schaffen.

Überwiegend Antwort b) Voll in Balance
Bingo. Sie fühlen sich wohl in Ihrer Haut und tun Dinge, mit denen Sie sich identifizieren können. Sie bekommen Arbeit und Privatleben problemlos unter einen Hut. Nichtsdestotrotz kennen Sie wahrscheinlich auch andere Zeiten, haben aber nun Ihren eigenen Weg zu größerer Zufriedenheit gefunden. Herzlichen Glückwunsch – bleiben Sie dran und versuchen Sie, auch in Zukunft so weiterzumachen!

Überwiegend Antwort c) Drahtseilakt
Ihr Leben scheint offensichtlich recht spannend zu sein. Oft schaffen Sie es tatsächlich, Privatleben und Arbeit in Einklang zu bringen. Sie mögen Ihren Beruf und kommen mit den Kollegen gut klar. Vergessen Sie bei allem Überschwang jedoch nicht: Arbeit ist nicht alles, denn in diesem Tempo können Sie nicht ewig weitermachen. Andere Lebensbereiche könnten früher oder später Schaden nehmen und Ihnen die Freude an Ihrem bisherigen Zustand gehörig vermiesen. Machen Sie die Übung von Schritt 3 bei »Schritt für Schritt zur Balance« (s. S. 23, Beitrag »Ziele«, Lösungsteil). Diese zeigt Ihnen, welcher Bereich bei Ihnen nicht im Lot ist – auch wenn Sie es im Moment (noch) nicht merken.

Nachdem Sie nun einen Überblick über das Thema und deren diversen Inhalte bekommen haben, geht es in den folgenden Kapiteln »ans Eingemachte«. Dort finden Sie zu häufigen Problemen konkrete Antworten und Lösungen, die Ihnen in Ihrem täglichen Arbeitsalltag gut und gerne auch als Soforthilfe dienen können. An dieser Stelle zitiere ich gerne die bekannte TV-Moderatorin Maibritt Illner: »Viel Spaß beim Vermehren der gewonnenen Einsichten!«

Balanced Business

Souveräner Umgang mit den Vorgesetzten

Wie geht das?

»Alles könnte so angenehm sein – wenn nur der Vorgesetzte nicht wäre!« Nicht immer zeigen sich Chefs als wohl wollende Führungspersönlichkeiten, die ihr Team unterstützen und motivieren. Allzu oft werden fordernde Chefs zu Energiefressern, die versuchen, mit harter Hand und markigen Sprüchen ihr Team zu Höchstleistungen zu treiben. Da hilft nur Abgrenzung und der feste Wille, dem Verhalten des Vorgesetzten keine Macht über die eigene Stimmung und das eigene Erleben zu geben. Wer sich nicht bedingungslos dem Urteil und der Befindlichkeit seines Chefs ausliefern will, sollte frühzeitig ein moderates Miteinander installieren, um emotionale Abhängigkeit gar nicht erst entstehen zu lassen. Für ein angenehmes Arbeitsklima, das effizient und motivierend sein soll, sind sowohl Techniken des Selbstmanagements als auch eine zufrieden stellende Kommunikation mit dem Chef notwendig.

Haben auch Sie ein »Feindbild Chef«?

Vermeiden Sie das »Feindbild Vorgesetzter« und setzen Sie stattdessen auf gegenseitige Unterstützung.

Auf den Punkt gebracht: Welche Erfolgsrezepte gibt es für den Umgang mit dem Chef?

Der Umgang mit Hierarchien ist für viele eine Gratwanderung mit dem eigenen Ego! Freundlich, aber souverän kommt man meist am weitesten. Die eigenen Vorstellungen und Einwände mutig und präzise zu präsentieren, erfordert von manchem Untergebenen ein Höchstmaß an Überwindung. Doch wer nach oben will, muss sich damit vertraut machen, ohne Angst vor Zurückweisung und Repressalien seine Überzeugungen an den Vorgesetzten heranzutragen. Es folgt nun für Sie ein Wegweiser in Sachen »wie führe ich meinen Chef«.

Zeigen Sie Courage: Die wohl bekannteste Frustrationsquelle ist »Ja sagen – Nein denken«. Sollten Sie anderer Meinung sein als Ihr Vorgesetzter, dann lassen Sie ihn das unbedingt (und möglichst zeitnah!) wissen und begründen Sie Ihre Meinung. Wenn Sie dabei Ihrem Chef noch zu verstehen geben, dass Sie ihm gegenüber loyal sind, wird er wesentlich eher Respekt empfinden, als wenn Sie sich um seine Füße drapieren und um Gnade winseln. Seien Sie erwachsen und hören Sie auf mit doppelzüngiger, devoter Unterwerfung. Sie werden schnell merken, wie diese Klarheit Ihr Selbstwertgefühl nährt und Ihnen festen Boden unter den Füßen gibt.

Verantwortung übernehmen: Unterlassen Sie tunlichst, sich in »Opferszenarios« zu ergießen – die ziehen Ihnen nur Energie ab. Übernehmen Sie Verantwortung für Ihre berufliche Situation und fordern Sie selbstbewusst, was Sie für Ihren Erfolg brauchen. Bringen Sie den Mut auf, unrealistische Forderungen Ihres Vorgesetzten zurückzuweisen – niemand ist Erwartungen hilflos ausgeliefert. Diese lassen sich verhandeln beziehungsweise zumindest zu einem Kompromiss führen.

Ohne Empathie geht es nicht: Wenn Sie etwas bei Ihrem Chef erreichen wollen, müssen Sie sich seines Wesens und seiner persönlichen Eigenarten bewusst sein. Versetzen Sie sich also in seine Gedankenwelt und überlegen Sie: Was treibt ihn an? Was für ein Charaktertyp ist er? Wovor hat er selbst vielleicht Angst?

Klug sein ist nicht schleimig: Viele leiden unter einem notorischen Rechthaber als Chef. Durch Besserwisserei oder reaktionäres Verhalten Ihrerseits werden Sie jedoch nicht weiterkommen. Mag sein, dass Sie Recht haben, doch lassen Sie ihm vorerst die Freude über sein Wissen. Sollte er danebenliegen, muss er es schließlich selbst ausbaden und die Verantwortung übernehmen. Äußern Sie Ihre Meinung klar, zum Beispiel in protokollierten Meetings – und warten Sie in aller Ruhe ab. Meiden Sie also fachliche Diskussionen und fragen Sie ihn lieber nach den Lösungen. Auch wenn Sie ihm diese zur Erreichung Ihrer Ziele quasi untergeschoben haben, lassen Sie ihm unbedingt das Gefühl, dass er sie selbst ersonnen hat und er ein toller Chef ist.

Merke: Erfolgreiche Menschen haben die innere Größe, anderen hin und wieder den Sieg zu überlassen. So hat jeder, was er wollte – Sie: das Erreichen Ihrer Ziele; Er: das Glücksgefühl, ein echter Entscheider zu sein!

Anerkennung und Akzeptanz: Außer den Selbstständigen hat wohl jeder jemanden über sich! Selbst Vorstandsmitglieder müssen sich von den Aufsichtsräten etwas sagen lassen, ob ihnen das gefällt oder nicht. Die Unterschiede sind also gar nicht so groß, und so fällt es Ihnen unter Umständen leichter, den Chef in seiner Führungsrolle zu akzeptieren und sich nicht gegängelt zu fühlen. Als Mensch jedoch sollten Sie sich von ihm niemals in Frage stellen lassen (Angriffe auf Ihre Persönlichkeit, Ihr Wesen, Ihre Werte)! Er ist nicht Gott, Guru oder Vater – er ist ihr fachlicher Vorgesetzter.

Der Balancing-Tipp

Scheuen Sie sich nicht, Ihrem Vorgesetzten beizeiten ein Lob auszusprechen und ihm damit zu signalisieren, dass er führungstechnisch auf dem richtigen Weg ist. Auch Sie brauchen Wertschätzung und Unterstützung, um motiviert und gut gelaunt ihr Pensum zu erreichen.

Verhalten gegenüber Kollegen

Wie verbessern Sie den Umgang mit Kollegen?

Die lieben Kollegen! Ohne sie geht gar nichts – mit ihnen kann ein ganz normaler Arbeitstag zur Apokalypse werden. Wenn alles wie am Schnürchen läuft – Glück gehabt! In fast jedem Team verstecken sich jedoch gerne Quertreiber, Möchtegern-Vorstände und faule Trittbrettfahrer. Prüfen Sie aufrichtig, ob eines dieser Merkmale eventuell auch auf Sie zutrifft. Wenn nicht, gilt es, sich diese Exemplare nicht nur vom Leib zu halten, sondern einen Weg zu finden, eventuelle Auswüchse unter Kontrolle zu haben und das Klima im Team zu verbessern.

Seien Sie ein gutes Vorbild für Ihre Kollegen und Mitarbeiter

Höflichkeit, Rücksichtnahme und natürliche Souveränität gelten als gute Umgangsformen und sollten Ihnen ohnehin lieb und teuer sein. Ein freundliches, aufgeschlossenes Miteinander ist wohl das Mindeste, was man von erwachsenen Menschen erwarten kann. Speziell im Berufsleben werden von Ihnen korrekte Umgangsformen und ein angemessenes Auftreten erwartet. Wissen Sie in jeder Situation, wie Sie sich taktvoll und stilsicher verhalten?

Merke: Im Umgang mit Kollegen werden Sie von Anfang an mit Situationen konfrontiert, in denen Sie ein hohes Maß an Sensibilität erkennen lassen müssen. Denn überall, wo Menschen zusammenarbeiten, kommt es auch zu Meinungsverschiedenheiten, Missverständnissen, Spannungen und Rivalitäten. Dies kann für den Erfolg Ihrer Gruppe – und damit für Ihren eigenen, persönlichen Erfolg – sehr abträglich sein.

Sollten Sie bereits ein gut funktionierendes Team haben, dann tragen Sie bitte aktiv Sorge dafür, dass dies auch so bleibt. Für ein rundum positives, erfolgreiches Miteinander muss – wie auch in anderen Lebensbereichen – immer wieder etwas getan werden.

Auf den Punkt gebracht: Wie gehen Sie mit Kollegen richtig um?

Damit im Umgang mit einzelnen Kollegen und dem Team mögliche Konflikte nicht zu unüberbrückbaren Hindernissen werden, hier einige Tipps zur Vorgehensweise:

Vorbild(er): Bedenken Sie, dass Sie zwar als gleichwertig angesehen werden, jedoch als junge Führungskraft genauestens unter Beobachtung stehen. Denn vielleicht sind Sie es, der bereits im nächsten Jahr als Vorgesetzter auf den Plan gerufen beziehungsweise den anderen »vorgesetzt« wird. Machen Sie sich bewusst, dass Sie umso mehr als Führungspersönlichkeit anerkannt werden, je mehr Sie in Ihrem eigenen, persönlichen Arbeitsumfeld vorleben, was Sie bei anderen propagieren. Denn: Es spricht sich schnell herum, ob jemand das, was er von seinen Kollegen und Mitarbeitern verlangt, auch bei sich selbst anwendet.

> **Merke:** Versäumen Sie nicht, an die eigenen Leichen im Keller zu denken: Ihr eventuelles schlechtes Benehmen (beispielsweise Unpünktlichkeit oder Wutausbrüche), ungeschicktes Verhandeln, schlecht oder zweideutig über andere reden. Bewerten Sie, welche Rückschlüsse die Mitarbeiter für sich daraus ziehen werden, wenn Sie davon erfahren.

Konflikte direkt ansprechen: Halten Sie Ihren Gesprächspartner dazu an, eine deutliche Sprache zu sprechen. Das strittige Thema darf weder übertrieben noch verharmlost werden – bestehen Sie auf Objektivität. Machen Sie begreiflich, dass man das Problem von verschiedenen Seiten her betrachten kann und es somit zwangsläufig mehrere Lösungswege gibt. Ergreifen Sie dabei nicht Partei und vermeiden Sie Vorwürfe und Schuldzuweisungen. Ein erfolgsorientiertes Konfliktgespräch setzt voraus, dass Sie

- nicht Positionen, sondern Interessen in den Mittelpunkt stellen,
- Menschen und Probleme getrennt voneinander behandeln,
- vor einer Entscheidung verschiedene Wahlmöglichkeiten entwickeln,

- Motive, Ängste und Bedürfnisse, die zu dem Konflikt geführt haben, analysieren und ernst nehmen und
- das Ergebnis auf überprüfbaren und objektiven Entscheidungsprinzipien aufbauen – und nicht auf Vermutungen.

Mahlmann, Regina: Konflikte managen. Psychologische Grundlagen, Modell und Fallstudien. Beltz, Weinheim und Basel ²2001.

Persönliche Präsenz: Nehmen Sie an Besprechungen, von denen Sie erwarten, dass es Ärger gibt und das gute Zusammenarbeiten innerhalb der Gruppe bedroht wird, immer persönlich teil! Übernehmen Sie ruhig die Rolle des Moderators, wenn Sie spüren, dass hitzige Kontroversen im Gange sind, und versuchen Sie, das Gespräch in ruhigere Bahnen zu lenken (lenken, nicht ablenken!). Sollte die Diskussion in einen wenig konstruktiven Schlagabtausch ausufern, bitten Sie die Kontrahenten zu einem gesonderten Termin in ein Besprechungszimmer.

Vertrauenskultur: Sprechen Sie offen und ehrlich aus, wie Sie das Gespräch vom Gefühl her empfinden. Fragen Sie dann jeden Gesprächsteilnehmer, wie seine Meinung über das Gespräch ist und wie das Verhalten des Gegenübers auf ihn wirkt. Nur wenn Rückmeldungen gegeben und angenommen werden, ist sowohl ein konstruktiver Dialog, als auch eine Annäherung möglich. So wird Vertrauen aufgebaut und Missverständnissen der Boden entzogen.

Am Ball bleiben: Schlagen Sie einen Zeitplan für die Erarbeitung und zügige Umsetzung der Problemlösung vor. Machen Sie deutlich, dass Sie von sich, aber auch von den anderen, ein für beide Seiten akzeptables Ergebnis und Verhalten erwarten. Zeigen Sie nochmals das gemeinsame Ziel sowie den für beide Seiten zu erwartenden Erfolg auf. Legen Sie eine Zeitspanne fest, innerhalb derer die einzelnen Schritte der Annäherung und Problemlösung zu vollziehen sind. Setzen Sie Termine für die Vorlage der gemeinsam erarbeiteten Lösung oder für weitere Besprechungen an.

Das Ergebnis sicherstellen: Erlauben Sie sich eine grundlegende Schlussbetrachtung zu der erarbeiteten Lösung. Ist sie ausgewogen? Ist es eine tragfähige Lösung für alle Gesprächsparteien im Sinne einer zukünftigen Konfliktvermeidung? Oder hat etwa eine der Parteien nur klein beigegeben, um endlich Ruhe zu haben, es im Inneren jedoch weiter brodelt? Wenn ja, müssen Sie neu beziehungsweise weiter verhandeln. Aufschieben gilt nicht – und schon gar nicht das Prinzip »Der Stärkere gewinnt«.

Merke: Für ein dauerhaft erfolgreiches Team kann Harmonie und das gemeinsame Ziehen an einem Strang gar nicht wichtig genug sein!

Kontakt: Interessieren Sie sich auch einmal für private Dinge Ihrer Kollegen und sehen Sie diese nicht nur als Arbeitsroboter. Fragen Sie, was sie bedrückt und beschäftigt. Prüfen Sie aber, welche Intensität des Kontakts zu Ihnen passt, was Sie wirklich an der Person interessiert. Heucheleien sind out – Kollegen spüren das!

Anerkennung: Gönnen Sie Mitarbeitern Erfolge und erkennen Sie deren Wissensvorsprünge an. Seien Sie ruhig stolz auf Ihre Kollegen und Teammitglieder – das beweist Größe und forciert darüber hinaus motiviertes (Mit-)Arbeiten.

Der Balancing-Tipp

Alles beruht im Grunde auf Gegenseitigkeit. Wenn Sie lernen, selbst einige Grundregeln im Umgang mit Vorgesetzten zu beachten, werden Sie automatisch mehr Verständnis für das Verhalten, die Kritik und die Bedürfnisse Ihres Teams aufbringen und besonnener mit ihnen umgehen. So werden Sie Schritt für Schritt zu einer vollwertigen Führungspersönlichkeit heranwachsen und Ihrem Team ein respektables Vorbild sein können.

Kundenbetreuung

Wie sollten Sie mit Kunden umgehen?

Zugegeben, es ist oft ein undankbarer Job, sich mit Kundenwünschen und -kritik auseinander zu setzen. Zum einen, weil Kunden ihrem Ärger gerne ungefiltert Luft machen, zum anderen, da Kritik – und sei sie noch so wohlmeinend – meist mit Arbeit beziehungsweise Mehrarbeit verbunden ist. Man muss sich um die Angelegenheit kümmern, ob man will oder nicht. Zudem entsteht Frustration, wird doch mit Kritik die eigene Arbeit oder die des Unternehmens in Frage gestellt. Ziel sollte sein: mit der richtigen Einstellung mehr Kontakte und mehr Aufträge durch bessere Kundenorientierung zu erreichen, Preise sicher zu argumentieren, Reklamationen zu beantworten, sorgfältig zu beraten, überzeugend zu verhandeln und erfolgreich zu verkaufen. Für den Servicebereich gilt im Speziellen: Einsatz für mehr Kundenzufriedenheit zur verbesserten Kundenbindung.

Versuchen Sie stets, Kritik als Chance zu sehen!

Feedback ist immer gut: Viele Firmenmitarbeiter sehen leider nicht die Chance, durch kostenlose (!) Kundeninformationen die eigenen Produkte oder Arbeitsprozesse gezielt zu verbessern, sondern fühlen sich vom zahlenden Kunden gegängelt, manchmal sogar persönlich beleidigt. Hat man einen schlechten Tag und dazu noch einen tyrannischen Käufer am Telefon, muss man schon mehr als einmal tief durchatmen, um den respektvollen Umgang nicht zu verlieren und gar selbst unverschämt und unangemessen zu reagieren.

Nichts zur persönlichen Sache werden lassen: In extremen Situationen (Aggression/Lautstärke) ist es ratsam, sich gezielt um Entspannung zu bemühen. Zum Beispiel langsam bis zehn zählen und tief durchatmen oder, sollten Sie den Kunden bereits beruhigt und versorgt haben, eine Fünf-Minuten-Kaffeepause. Halten Sie sich vor Augen, dass Kunden keine Firmeninterna kennen und zudem wahrscheinlich nicht wissen, an wen sie sich wenden müssen. Darüber hinaus hat der eine oder andere vielleicht noch Angst um sein mühsam verdientes Geld und denkt, er müsse von vornherein energisch auftreten, damit er nicht abgewimmelt wird.

Bleiben Sie Kunden gegenüber respektvoll und gelassen!

Das einzige, was einen aufgebrachten Kunden beruhigt, sind Informationen und ein geduldiges Ohr. Beides sollten Sie ihm gewähren, denn er ist es, der Ihr Gehalt mitfinanziert. Das weiß er, und so sollte man tunlichst vermeiden, Kunden als lästiges Übel zu betrachten. Sie müssen nicht gleich devot werden, doch sollten Sie stets freundlich und aufmerksam auf Kunden zu- und eingehen.

Merke: Um wieder den angemessenen Abstand zu den Dingen zu bekommen und diese für alle Beteiligten »innere Anstrengung« abzuschütteln, sollten Sie sich in jedem Fall für einen Moment sammeln. Denn wer nicht ganz abgebrüht ist, geht innerlich sauer, verletzt, beleidigt oder abgeturnt aus einem derartigen Gespräch – in keinem Fall eine gute Ausgangsbasis für den nächsten Kundenkontakt!

Die klassische Einwandbehandlung: Suchen Sie stets eine einvernehmliche verbale Lösung, um Ihre Ziele zu erreichen und holen Sie den Nörgler dort ab, wo er in seiner Gemütslage gerade steht! Gehen Sie auf ihn ein (»anstrengender Tag heute ...«), dann Verständnis zeigen (»ich verstehe das gut« oder »das kann ich gut nachvollziehen«), dann zur Sache kommen (»ich bin mir sicher, dass ich Ihnen helfen kann ...«).

Angemessen reagieren: Machen Sie sich klar, dass es bei schwierigen Gesprächen nicht um Ihre Person, sondern um das Produkt, um Termine oder Zahlungsmodalitäten geht. Sie repräsentieren das Unternehmen und sollten niveauvoll auf Ihren Kunden eingehen, auch wenn dieser Ihnen gerade den letzten Nerv raubt. Geben Sie ihm nicht das Gefühl, Sie bereits durch die leiseste Kritik oder einen barschen Ton aus der Ruhe bringen zu können. Nehmen Sie ihn und sein Problem ernst und versichern Sie ihm, sich umgehend um die Angelegenheit zu kümmern. Das hat Format und ist professionell. Dadurch empfindet der Kunde bewusst oder unbewusst Respekt – er selbst hatte ja nicht die Größe, sein Anliegen freundlich vorzubringen! Auch wenn er weiter muffig vor sich hinbrummelt werden Sie schnell merken, dass selbst der zornigste Geselle einzulenken beginnt oder gar richtig handzahm wird.

Wissen, wann Schluss ist: Wächst Ihnen die Sache trotz allem über den Kopf, schließen Sie sich mit einem Kollegen kurz oder besprechen Sie die Angelegenheit mit Ihrem Vorgesetzten. Egal wie, Sie dürfen in keinem Fall unangenehme Kritik in der Schublade verschwinden lassen!

Auf den Punkt gebracht: Was fördert und was blockiert den positiven Umgang mit Kunden?

Der Umgang mit Menschen zählt zu den einfachsten und zugleich schwierigsten Dingen, die es gibt. Nur wenn Sie gelassen und gut informiert auf Kunden zugehen, kann sich Ihre innere Balance auf Ihr Gegenüber übertragen. So bleiben Sie Herr der Lage und können die Intensität des Gesprächs oder Disputs unauffällig und sachgerecht steuern. Wenn Sie Unangenehmes auf ein Mindestmaß reduzieren wollen, sollten Sie das stets vor Augen haben!

Positiv-Liste:

- Kunden- und Mitarbeiterorientierung kontinuierlich fördern und somit stets »up to date« sein!
- Sie und Ihre Teamkollegen werden umso erfolgreicher sein, je mehr Sie sich in Ihre Kunden hineindenken und -fühlen können.
- Alle Beteiligten werden mehr Spaß und Freude in Ihrem beruflichen Alltag erleben, wenn sie mit dafür Sorge tragen, dass die Kommunikation und die Arbeitsprozesse reibungslos funktionieren.
- Respektvolles und höfliches Auftreten verstärkt die Kundenbindung.
- Nehmen Sie Anregungen und Kritik nicht nur entgegen, sondern kümmern Sie sich darum! Geben Sie diese bei Bedarf an die geeignete Person oder Abteilung zur Bearbeitung oder Weiterverfolgung weiter.
- Zeitnah reagieren – möglichst mit Feedback an den Kunden (»Ihr Hinweis war dienlich/wir haben Sie nicht vergessen/wir haben das Problem gelöst«).
- Wer seinen Kunden und Mitarbeitern gibt, was sie brauchen, erntet das, was er verdient: Erfolg!

Negativ-Liste:

- Unhöfliches oder ignorantes Verhalten von Mitarbeitern gegenüber Kunden (beispielsweise unpersönlicher Umgang, beleidigende Äußerungen).
- Lange Wartezeiten bei Anrufen.
- Zeitlich begrenzter Kundendienst (keine Verfügbarkeit rund um die Uhr, also nur von: ... bis: ...).
- Unwille, Dienstleistungen an die individuellen Bedürfnisse des Kunden anzupassen.
- Nicht erfüllte Erwartungen oder Versprechungen (zum Beispiel lange Lieferzeiten, unerwartete Zusatzkosten, lückenhafter Lieferumfang).
- Inkorrekter Umgang mit Kreditkarten, Mahnfristen und Ähnlichem.
- Schlechtes Unternehmensimage.

Der Balancing-Tipp

Überprüfen Sie bitte für sich selbst: Wie möchten Sie behandelt werden, wenn Sie Fragen in einem Geschäft, Kritik an einem Produkt oder der Dienstleistung loswerden wollen? Mit Sicherheit haben auch Sie schon einmal einen Verkäufer angemotzt oder sogar zur Minna gemacht. Meist hängt dies mit der allgemeinen Tagesform zusammen oder es hat sich eventuell bei dem Quengler kurz zuvor etwas viel Schlimmeres abgespielt, als Sie ahnen, und Sie kriegen nun den geballten Missmut ab. Das ist nicht gerecht und nicht klug, trotzdem sollten Sie über den Dingen stehen, freundlich bleiben und das Problem (nicht den Kunden) so schnell wie möglich aus der Welt schaffen.

Arbeitsabläufe

Wie werden Team- und Mitarbeitergespräche geführt?

Denken Sie daran: Der Mensch steht stets im Mittelpunkt!

Die meisten Arbeitsprozesse können nur im Team gelöst werden! Um die Synergieeffekte von gut funktionierenden Teams optimal zu nutzen ist es notwendig, dass alle Führungskräfte und Mitarbeiter ihr Teamverhalten kennen. Gruppenprozesse sollten daher analysiert und durch arbeitsteiliges Handeln gesteuert werden. Nicht Zahlen, Strukturen oder Maschinen verändern Unternehmen, sondern Menschen. In jedem Unternehmen werden die Arbeitsprozesse und Neuerungen durch das Engagement, die praktischen Erfahrungen und das kreative Potenzial der Mitarbeiter gestaltet und möglich gemacht. Seien Sie sich dessen bewusst, wenn Sie mit Ihrem Team Projekte und Arbeitsschritte besprechen.

Wie geht man nun auf Mitarbeiter zu, um sie zu Höchstleistungen zu motivieren oder auch Kritik loszuwerden? Schnöde Anordnungen, Befehle und Hackordnungen eignen sich dazu sicher nicht und sind überdies als Führungsstil gänzlich überaltert.

Das Unternehmen ist ein lebender Organismus – keine Maschine. Das bedeutet, dass man Menschen nicht dauerhaft anhand rigider Vorgehensweisen motivieren oder gar kritisieren kann. Der geschulte Blick derer ist gefragt, die aus den Mitarbeitern die jeweiligen Talente, Fähigkeiten und Problematiken herausfiltern können. Vermeiden Sie deshalb tunlichst, einfach den Vize-Chef raushängen zu lassen oder gar Ihr Team als eine Art Ameisenstaat zu betrachten. Zwar hätte dann jeder seine definierten Arbeitsvorgaben – aber das war es dann auch! Der Tag, die Woche und der Monat sind zu lang, um ohne Freude, Wohlbefinden und Bestätigung auskommen zu können.

Aus solch einem Team werden Sie zwar einigermaßen verlässliche Resultate ziehen können, doch wohl kaum Ideen, Konzepte oder gar Innovationen. Wichtig ist immer – egal um welches Thema es sich bei dem anvisierten Gespräch handelt – Kritik, gemeinsame Orientierung an den Zielen oder notwendig gewordene Veränderungen mit einem Höchstmaß an Aufmerksamkeit und Respekt an den Mann oder an die Frau zu bringen.

Die Grundvoraussetzung für den Erfolg ist das gemeinsame beziehungsweise gemeinsam ausgerichtete Denken und positive Empfinden aller Beteiligten.

Merke: Erfolgreiche und einsatzkräftige Teams – die oft kleinsten Organisationseinheiten in vielen Unternehmen – brauchen Vorgesetzte, die es verstehen, den Teamgeist im Sinne des Unternehmens zu wecken und die beteiligten Mitarbeiter nach jeweiliger Neigung, Können und Persönlichkeit einzusetzen.

Auf den Punkt gebracht: Welche Faktoren sichern ein erfolgreiches Mitarbeitergespräch?

Nicht immer hat man Zeit und Muße, sich eingehend auf Mitarbeitergespräche vorzubereiten. Selbst in knapp gehaltenen Gesprächen sollte trotz allem eine Struktur vorhanden sein, damit das Wesentliche gesagt/erfragt wird und der gegenseitige Respekt in jedem Falle gewahrt bleibt.

Sehr hilfreich dabei ist das FRIEDE-Konzept:

F **Freundlicher Start:** Sagen Sie in ruhigem Ton, welches Anliegen Sie haben beziehungsweise welches Problem Sie aus der Welt schaffen möchten.

R **Reden lassen:** Hören Sie sich die Argumente Ihres Gegenübers ruhig an; geben Sie ihm Gelegenheit, erst einmal »Dampf abzulassen«.

I **Ich-Botschaften:** Sagen Sie statt »Tatsache ist ...« lieber »mir scheint«; statt »Sie irren sich« besser »ich denke« und statt »Sie dürfen nicht« »ich schlage vor«.

E **Einigen:** Schaffen Sie keine Sieger-Verlierer-Situation! Sorgen Sie stattdessen für eine Win-Win-Lösung, sodass jeder der Beteiligten seine Vorteile in der Lösung erkennt und für sich nutzbar machen kann.

D **Dokumentieren:** Um Missverständnissen vorzubeugen, halten Sie alles schriftlich fest. Weiterer Pluspunkt: Sie haben so stets eine Art Merkblatt, auf das Sie bei eventuellen Gedächtnislücken zurückgreifen können.

E **Erfreulicher Abschluss:** Ein freundliches Wort am Ende vermeidet böses Blut. Beispiel: »Finde ich gut, dass wir das klären konnten«. Auch ein aufrichtiges Lob kann Wunder bewirken und nimmt die Angst des Mitarbeiters vor weiteren Gesprächen.

Der Balancing-Tipp

Bedenken Sie immer, dass Sie als Teamleader derjenige sind, der für den nachhaltigen Erfolg Ihres Teams verantwortlich ist. Wenn Sie Spitzenergebnisse wollen, seien Sie klug und sprechen Sie bei Teamgesprächen den Intellekt und die Begeisterungsfähigkeit Ihrer Mitarbeiter an, nicht deren Gehorsam oder gar deren Angst. Motivieren Sie Ihr Team dazu, sich mit dem Projekt oder Produkt auseinander zu setzen und zu identifizieren und fördern Sie offene Brainstormings.

Feierabend

Wie sorgen Sie für einen erholsamen Feierabend?

Der Arbeitsalltag muss bewältigt werden, Termine warten, Mitarbeiter und Vorgesetzte drängen. Wer unter Stress steht, das heißt, sich Tag für Tag in ein enges Arbeitskorsett zwängen muss, tut sich zunehmend schwer, ausgeglichen zu sein und belastende Situationen emotional im Griff zu haben. Einziger Lichtblick: Der wohlverdiente Feierabend. Das ist zu wenig!

Stressfaktoren erkennen und gezielt abbauen!

Lernen Sie, Stressfaktoren zu erkennen und mit mehr Mut die Organisation Ihres Arbeitstages selbst mitzugestalten. Grundsätzlich sollten Sie Stressbelastungen aktiv entgegengehen und ihnen nicht ausweichen!

Merke: Brechen Sie gezielt starre, störende oder gar sinnlose Arbeitsstrukturen auf und entscheiden Sie, mit welcher Vorgehensweise Sie Ihre Ziele am effizientesten erreichen. Zum einen werden so Hilflosigkeit und Überforderung sukzessive und dauerhaft abgebaut, zum anderen sind Sie am Abend schneller entspannt und müssen sich »mental« nicht erst um 180 Grad drehen, um zur Ruhe zu kommen.

Was können Sie also tun, um bereits am Tag Stress zu vermeiden und entspannter in die Freizeit starten zu können? Zunächst ist es hilfreich, den Arbeitsalltag neu wahrzunehmen und zu bewerten, gefolgt von gezielten Entspannungshilfen, die nach Dienstschluss Anwendung finden können. Hier ein paar Beispiele, bei denen Sie schnell feststellen werden, ob Sie bereits auf dem richtigen Weg sind oder gegebenenfalls auch, wo sich Ihr persönlicher Stressor versteckt halten könnte.

Spachtholz, Barbara: Stress und Angst überwinden. Das große Anti-Stress-Buch für Manager. Metropolitan, Regensburg 2002.

Linneweh, Klaus: Stresskompetenz. Der erfolgreiche Umgang mit Belastungssituationen in Beruf und Alltag. Beltz, Weinheim und Basel 2002.

Stollreiter, Marc u.a.: Stress-Management: Das WAAGE-Programm®: Mehr Erfolg mit weniger Stress. Beltz, Weinheim und Basel 2000.

Zufriedenheit erzeugen: Dazu gehört ein effektives Zeitmanagement! Es ist extrem wichtig, Aufgaben gut zu planen und sich den Tag nicht zu voll zu packen. Wer seinen Tag gut strukturiert und Wichtiges von Unwichtigem trennt, hat abends unterm Strich mehr geschafft und ist zufriedener mit sich selbst.

Auf das Positive konzentrieren: Oft sehen Dinge auf den ersten Blick schlimmer aus, als sie sind. Man gerät unter Stress und ist vollkommen blockiert. Die Fokussierung auf andere, positive Dinge im Leben lassen solche Hürden kleiner erscheinen. Das ist in jedem Fall besser, als sich in Probleme reinzusteigern. Wer die negativen Dinge im Kopf zu groß werden lässt, verschwendet Energien und blockiert sich selbst.

Der Freizeit die Krone aufsetzen: Sie bewältigen einen Arbeitstag mit schwierigen, unangenehmen Ereignissen besser, wenn Sie sich für den Abend zu einer festen Zeit etwas vornehmen, zum Beispiel den Besuch einer kulturellen Veranstaltung oder ein romantisches Abendessen zu zweit.

Mit sich selbst Geduld haben: Scheitern gehört zum Erfolgsprozess dazu. Erfolgreiche Menschen riskieren mehr, und dann läuft eben auch bisweilen etwas schief. Wer aus seinen Fehlern lernt, wird es das nächste Mal besser machen. Wer sich wegen jedem »Ausrutscher« selbst kritisiert oder gar bestraft, erhöht lediglich den Stress, ohne eine Lösung gefunden zu haben. Verpatzte Chancen hin oder her – schlussendlich ist es wie beim Fußball: Am Ende zählen nur noch die Tore!

Selbstgespräche: Innere Dialoge sind die wichtigsten Gespräche! Das bedeutet nicht, dass man ständig laut vor sich hin reden soll. Gerade in Situationen großer Anspannung dient der innere Monolog der positiven Bestärkung. Im Kopf kann man Situationen durchspielen (handeln auf Probe!). Selbstgespräche helfen auch, die Gedanken zu sortieren, das eigene Handeln zu reflektieren und gegebenenfalls zu korrigieren.

Innere Bilder: Diese helfen, ähnlich wie Selbstgespräche, das Tun und Handeln zu reflektieren und im Voraus Situationen zu durchleben. Die Gründe für Erfolg und Misserfolg zu finden ist Voraussetzung und Hilfe bei der eigenen Weiterentwicklung. Nicht produktiv sind Katastrophenszenarien oder negative Bewertungen (»Ich Idiot«) – sie beanspruchen Energien und zermürben.

Kretschmann, Rolf: Die Kraft der inneren Bilder. 101 Übungen, mit denen Sie Probleme in Beruf und Privatleben meistern können. Beltz, Weinheim und Basel 2000.

Stärken und Schwächen: Dies sind Talente und Eigenschaften, die jeder besitzt. Dabei sollte man sich gerade in Stresssituationen auf seine Stärken konzentrieren. Wer ständig mit seinen Schwächen hadert, kommt nicht weiter und setzt sich selbst immens unter Stress. »Hätte ich doch nur ..., wäre ich doch nur ..., dann wäre alles viel besser« behindert das Denken und das Handeln. »Hätte« ist Vergangenheit und somit vorbei! Ändern können Sie nur die Gegenwart.

Hier und Jetzt: Das Leben findet jetzt statt und nicht irgendwann in der Zukunft! Bleiben Sie mit Ihren Gedanken in der Gegenwart – alles andere ist Projektion, Spekulation oder Wunschdenken. Einer der größten Stressfaktoren ist das ständige Überlegen, was man noch tun muss. Der Körper ist hier, der Kopf irgendwo in der Zukunft – die Hektikfalle schnappt zu, man ist unruhig, nervös und gestresst. Besser ist, öfter einmal den Augenblick zu genießen (zum Beispiel mit einer Tasse Tee oder einem netten Telefonat), statt diesen ständig kontrollieren zu wollen. Das gibt Energie, um Aufgaben und Ziele konkret anzugehen und umzusetzen.

Merke: Ziele geben uns zwar Orientierung und Struktur, fordern aber auch Kraft und Konzentration. Deshalb ist es so wichtig, die Ziele sorgfältig auszuwählen und nicht unrealistischen Vorstellungen hinterher zu rennen. Große Visionen sind im Prinzip eine gute Sache, doch sollten sie nicht mehr als eine Leitidee sein. Besser ist es, kleine Teilziele zu setzen und sich über die Etappensiege zu freuen.

Auf den Punkt gebracht: Welche hilfreichen Tipps gibt es für einen erholsamen Feierabend?

Stundenweise Yoga oder Autogenes Training lässt sich bei vielen beim besten Willen nicht machen. Trotzdem muss man sich dem Schicksal nicht ohne Eigeninitiative beugen. Sie wünschen sich kleine, effektive Tipps für eine Entspannung direkt nach der Arbeit? Hier sind sie!

Tief durchatmen – entspannt den Körper fühlen: Legen Sie sich bequem mit dem Rücken auf den Boden, winkeln Sie Ihre Beine an und legen Sie beide Hände entspannt auf Ihren Unterbauch. Schließen sie die Augen und beginnen Sie, entspannt in Richtung Ihrer Hände auf dem Bauch tief und langsam einzuatmen (5–10 Minuten). Durch Bauchatmung nehmen Sie zirka 50 Prozent mehr Sauerstoff auf und holen damit Energie in Ihren Körper zurück.

Duftschlösser bauen: Verreiben Sie einige wenige Tropfen eines reinen, ätherischen Öles in der Handfläche und atmen Sie den Duft tief ein. Alternativ können Sie auch eine Bade- oder Aromatherapie genießen.

Druck auf den Energie-Knopf: Überlastung und täglicher Stress führen zu Energie- und Hormonverlust. Der Energiefluss der Meridiane ist geschwächt. Massieren Sie kräftig Ihre Handinnenflächen, drücken sie anschließend Ihre Handflächen für mehrere Sekunden fest gegeneinander, dann loslassen (zweimal wiederholen). Ebenso massieren Sie einige Minuten rhythmisch Ihre Fußsohlen und Schienbeine sanft, möglichst mit Rosmarin- oder Lavendelöl (zum Beispiel in Apotheken und Reformhäusern erhältlich). So führen Sie Ihrem Körper wieder neue Energie zu.

Locker und entspannt: Ob mit oder ohne Partner – die Berührung macht's! Sanfte Massagen lösen die Anspannung. Partnermassage: Die Handflächen auf jeweils beide Schultern legen und mit nach außen kreisenden Bewegungen die Schultermuskulatur des Partners massieren (am besten mit einem Duftöl). Sind Sie alleine? Macht nichts! Auf den Boden legen – möglichst rutschfest – Beine anwinkeln, zwei Tennisbälle zwischen Boden und oberen Anteil der Schultern legen, Arme über den Kopf strecken. Diese Dehnübung entspannt. Die Wildschweintechnik für Geübte: An der Wand stehend ein oder zwei Tennisbälle zwischen Wand und Körper platzieren und an den verspannten Zonen rollen.

Bauen Sie sich ein Wohlfühl-Polster auf!

Essen – den Genuss kultivieren: Bereiten sie Ihren Körper vor und üben Sie vorab obige Tipps – danach erst essen. Wichtig ist, auch Ihrem Auge (Sinne!) etwas Schönes zu gönnen: Ein netter Essplatz mit Kerze oder Blume erhöht die Vorfreude. Ein kurzer Abendspaziergang rundet die Entspannungsphase ab. Jetzt können Sie tun und lassen was Sie wollen – Sie werden sich wohl fühlen!

Der Balancing-Tipp

Anspannung und Entspannung sollten sich stets abwechseln. Wer ständig unter Strom steht, ist bald ausgebrannt. Ein permanent hohes Aktionsniveau verhindert überlegtes, effektives Denken und Handeln. Nehmen Sie sich, gerade in hektischen Zeiten, öfter einmal ein paar Minuten Auszeit, setzen Sie sich entspannt hin und atmen Sie tief durch. Das ist kein Zeitverlust, sondern hilft, mit Anspannung besser fertig zu werden. Ein verkrampfter Körper, dessen Muskulatur sich schnell verspannt, bringt weder die Konzentration noch die Energie auf, die für langfristigen (geistigen) Erfolg notwendig ist. Zusätzliche Tipps und Übungen für einen erholsamen Feierabend finden Sie im Kapitel »Balanced Exercises« (ab S. 131).

Durchsetzungsvermögen

Wie können Sie heikle Verhandlungen souverän führen?

Immer wieder werden Sie als Führungskraft Verhandlungen führen und Entscheidungen treffen müssen. Das ist unumgänglich und trainiert Sie zu einer Persönlichkeit, die tatsächlich etwas zu sagen hat. So bleibt lediglich die Frage offen, mit wie viel Engagement oder auch Verbissenheit Sie an die Sache herangehen. Letzteres kann zwar kurzfristig andere beeindrucken, führt jedoch in den seltensten Fällen zu befriedigenden Ergebnissen. Als kluger Kopf sollten Sie in der Lage sein, Umstände und Problematiken mit gesunder Distanz zu betrachten und gut vorbereitet zu sein. Verhandlungen werden oft mit harten Bandagen geführt. Als Verhandelnder hat man nur zwei Möglichkeiten: Es mit sich machen zu lassen oder verhandlungstechnisch so aufzurüsten, dass man keine Sorge haben muss, unter den Tisch geredet zu werden. Wer die bessere Technik hat, schlägt auch überlegene Gegner! Nun soll eine Verhandlung beileibe nicht in eine verbale Kampfansage münden – im Gegenteil –, mit Ruhe und Geschick sind Sie es, der souverän und zum Vorteil aller Beteiligten den Ton angibt.

Schwierigkeiten und Probleme möglichst auch aus der Distanz betrachten

Der größte technische Mangel bei Verhandlungen ist die mangelnde Vorbereitung. Das kann nicht gut gehen. Mal eben so larifari in eine Verhandlung zu gehen, zeugt nicht von Ihrer Coolness, sondern von mangelnder Sachkenntnis und schwachem Durchsetzungsvermögen. »Wir reden ja bloß mal so drüber« oder »Mal hören, was die Gegenseite zu sagen hat« ist keine Verhandlung, sondern eher ein Plausch am Kaffeeautomaten.

Hartmann, Martin u.a.: Immer diese Meeting!. Besprechungen, Arbeitstreffen, Telefon- und Videokonferenzen souverän leiten. Beltz, Weinheim und Basel 2002.

Grundsätzlich sollte Ihnen vor Beginn einer Verhandlung Folgendes klar sein:

- Was sind meine eigenen Interessen?
- Was sind die Interessen des Verhandlungspartners?
- Was habe ich anzubieten?
- Welche Optionen und Alternativen habe ich?
- Worauf läuft das hinaus und wo ist die Schmerzgrenze?

Wer nicht weiß, wohin er will, kann auch nie ankommen!

Auf den Punkt gebracht: Welche Faktoren haben sich für eine geschickte Verhandlungsführung bewährt?

Verhandeln müssen Sie ständig: mit Kunden, Lieferanten, Partnern, Kollegen oder Vorgesetzten. Beachten Sie die nachfolgenden Hinweise und es wird Ihnen gelingen, für alle Verhandlungspartner Entscheidungsfreiheiten aufzubauen und zu tragfähigen Ergebnissen und Abschlüssen zu kommen.

Zeit geben und Zeit nehmen: Wenn Sie einen Termin vereinbaren, informieren Sie Ihre Gesprächspartner kurz schriftlich, worum es Ihnen geht und welche Tagesordnungspunkte Sie geplant haben. So ermöglichen Sie den Verhandlungspartnern ebenfalls eine Vorbereitungszeit. Ziel: Sie werden sich wesentlich gezielter unterhalten und Punkte besser abarbeiten können.

Ziele verfolgen und Spielraum einplanen: Gehen Sie stets mit konkreten Zielen in eine Verhandlung (siehe oben), zum Beispiel: »Was ist das Wichtigste für mich? Was ist verhandelbar? Wo liegt meine Schmerzgrenze?« Um die Schmerzgrenze möglicher Zugeständnisse deutlich zu machen, können Sie sich unter Umständen auf eine höhere Instanz berufen. Doch gehen Sie sorgsam mit diesem Trumpf um, sonst könnte bei Ihrem Gegenüber der Eindruck entstehen, Sie seien nicht genügend autorisiert, um Entscheidungen zu treffen.

Merke: Sollte Ihr Gegenüber selbst die höhere Instanz ins Gespräch bringen, hinterfragen Sie genau dessen Intention. Liegt es an Ihrer Gesprächsführung oder gar an dem mangelnden Vertrauen gegenüber Ihrer Qualifikation oder Entscheidungskompetenz? Lassen Sie sich nicht vorschnell irritieren und verunsichern, denn Sie sind von Ihrem Vorgesetzten für diese Verhandlung autorisiert worden.

Verhandlungspartner »scannen«: Versuchen Sie gleich zu Beginn herauszufinden, wen Sie vor sich haben: den Idealisten, den Bedenkenträger oder den Macher und Umsetzer. Das hilft Ihnen dabei, sich nicht aus der Ruhe bringen zu lassen (gewarnt ist gewappnet!), die Argumentationsketten des Gegenübers nachzuvollziehen und mögliche Kompromisse konkret so aufzubereiten, dass Sie Ihre eigenen Ziele weitgehend durchsetzen können.

Locker angehen lassen: Konfrontieren Sie Ihr Gegenüber nicht sofort mit Argumenten und Forderungen. Nehmen Sie sich am Anfang der Besprechung Zeit für ein paar persönliche Worte, wobei dieser Smalltalk nur Themen beinhalten sollte, die Sie wirklich interessieren.

Nicht nur die eigenen Ziele vor Augen haben: Um glaubwürdig zu bleiben müssen Sie auch die Bedürfnisse des Gegenübers berücksichtigen. Beispiel: Wenn Sie beim Gehaltspoker selbst keine Punkte nennen können, die Ihren Chef vom Sinn einer Gehaltserhöhung überzeugen, brauchen Sie erst gar nicht in die Verhandlung zu gehen – ein peinlicher Abgang ist vorprogrammiert.

Authentisch sein: Sagen Sie (in angemessener Form) ganz offen, was Sie denken. Kopfnicker und »Ja«-Sager bewirken nicht viel, und vorgefertigte Formulierungen und Verhaltensschemata sind ohnehin out. Authentizität und Glaubwürdigkeit sind wichtig, denn die Diskrepanz zwischen verbaler und nonverbaler Kommunikation wird den »Spieler« schnell entlarven. Wenn Sie innerlich toben, nimmt Ihnen stoische Ruhe sowieso keiner ab. Sprechen Sie also Ihre Gefühlslage offen an, wenn Ihnen danach ist. Das können Sie sich ruhig erlauben, Hauptsache der Ton stimmt.

Verhandlungsfalle Emotionen: Provoziert oder verletzt Sie Ihr Gegenüber, senden Sie unumwunden eine Ich-Botschaft, indem Sie das Verhandlungsklima direkt ansprechen. Wenn Ihr Verhandlungspartner versucht, Sie durch Brüllen einzuschüchtern oder gar mit Weinen Mitleid zu erregen, reagieren Sie am besten überhaupt nicht. Warten Sie einfach eine Weile ab und setzen Sie an einem unstrittigeren Punkt neu an, als wäre nichts geschehen. Was immer auch geschehen mag – bewahren Sie Ruhe und lassen Sie die Emotionen nicht allzu sehr mit Ihnen durchgehen. Durch Statements, die Sie aufgebracht mit »Sie haben ...« oder »Sie sind ...« beginnen, fühlen sich Gesprächspartner in der Regel angegriffen und werden daraufhin versuchen, sich zu rechtfertigen.

Dies führt zu Chaos am Verhandlungstisch und ist die häufigste Blockade für kreatives Nachdenken! Natürlich darf und wird man Ihnen bei einer hitzigen oder gar unfairen Diskussion Gefühle anmerken, doch sollten Sie diese schnell wieder in den Griff bekommen, sonst entgleist das Gespräch. Vermeiden Sie Machtgerangel und Rivalitäten, die haben hier nichts verloren. Besser ist es, Haltung zu bewahren und das Gespräch souverän zurück zum eigentlichen Zweck zu führen. Hauptsache, Sie lassen sich nicht von kurzfristiger Genugtuung blenden und verbuchen es als Erfolg, wenn eine Attacke Ihrerseits den Gegner schlecht aussehen lässt. Das ist kein Erfolg, sondern meist ein Hindernis auf dem Weg zum eigentlichen Ziel einer Verhandlung – der Einigung.

In Diskussionen unbedingt unsachliche Positionskämpfe vermeiden!

Merke: Sollten Sie selbst derjenige sein, dessen Emotionen überzuschäumen drohen, kann es helfen, in Ruhe bis fünf zu zählen und dann erst zu antworten, oder Sie kühlen den ersten Ärger mit einer angenehmen Assoziation ab – so kann bereits ein kurzer Gedanke an ein angenehmes Erlebnis oder eine lustige Erinnerung innerlich genug Abstand erzeugen, sich nicht weiter über das eben Gesagte zu echauffieren.

Auf den anderen konzentrieren: Mit zugewandter, leicht nach vorne geneigter Körperhaltung, mit Blickkontakt, Kopfnicken und gelegentlichen kurzen Äußerungen (»hm«, »aha«, »verstehe« ...) signalisieren Sie Interesse. Nehmen Sie Ihren Gesprächspartner ernst und konzentrieren Sie sich auf das, was er Ihnen zu vermitteln versucht. Wichtig ist immer: Hören Sie bis zum letzten Wort zu, anstatt bereits nach dem ersten Satz über eine mögliche Antwort und die eigenen Argumente nachzudenken. Unterbrechungen in Form von Sätze abwürgen, reinquasseln oder durch die Körperhaltung signalisieren, dass man abgelenkt oder vielleicht sogar belustigt ist, sind ebenfalls tabu.

Eindeutig bleiben: Hüten Sie sich davor, in eine Aussage das hinein zu interpretieren, was Sie gerade zu verstehen glauben. Fragen Sie lieber gezielt nach. Geschicktes Nachfragen zeigt, dass Sie interessiert zuhören und Motive sowie Hintergründe erfassen wollen. Dies gibt Ihnen darüber hinaus die Gelegenheit, das Gesagte zu überdenken und gegebenenfalls die Gesprächsrichtung elegant zu ändern.

Nicht jeden Schuh anziehen: Lassen Sie sich nicht alle Schwierigkeiten aufladen, die Ihnen angetragen werden, sondern spielen Sie den Ball souverän zurück. Tatsächlich ist die Tragweite von Problemen oft lange nicht so dramatisch, wie es im ersten Moment den Anschein haben mag. Erwägen Sie sorgfältig, ob Sie hierfür überhaupt der geeignete Ansprechpartner sind oder ob es sich eventuell um ein Ablenkungsmanöver handelt. Versuchen Sie möglichst, Probleme bis zum Ende der Verhandlung zurückzustellen (last but not least) und konzentrieren Sie sich in der Kreativphase stärker auf das Machbare und Erreichbare. Das entlastet alle Beteiligten und schützt vor vorzeitiger Resignation.

Ein Kompromiss ist keine Niederlage: Reine Verteilungskämpfe, die auf die Vernichtung des Gegners abzielen, sind hier nicht gefragt, da sie nicht auf ausgewogene, konstruktive Geschäftsbeziehungen abzielen. Machen Sie sich bewusst, dass Verhandeln ein ständiges Geben und Nehmen, Ausloten, Abgleichen, Aufeinanderzugehen und Abwarten bedeutet. Werten Sie deshalb ein Entgegenkommen Ihrerseits nicht automatisch als Misserfolg, sondern lediglich als Kompromiss.

Zusammenfassen und einen guten Abschluss finden: Beim Abschluss eines Gespräches ziehen Sie das Gesamtfazit. Wiederholen Sie noch einmal alle relevanten Punkte, die Sie miteinander vereinbart haben und halten Sie diese schriftlich im Protokoll fest (jeder Teilnehmer erhält im Anschluss ein Exemplar des Gesprächsprotokolls zur weiteren Bearbeitung beziehungsweise zur Information).

Merke: Verlassen Sie die Verhandlung nicht, ohne allen Beteiligten für deren Aufmerksamkeit und Mitarbeit gedankt zu haben, und formulieren Sie das Verhandlungsergebnis nochmals kurz und knackig als positive Einstimmung für die noch zu erledigenden Aufgaben. Das, was die Gesprächspartner am Ende hören, bleibt meist am besten in Erinnerung, und man geht mit dem guten Gefühl auseinander, ein echtes Ergebnis erreicht zu haben.

Eines ist noch wichtig: Vermeiden Sie es im Anschluss an schwierige Verhandlungen, sich mit vermeintlich Gleichgesinnten zu Gemotze oder Verbrüderungstaktiken hinreißen zu lassen. Unterschwellige Rivalitäten sind hier fehl am Platz, denn auch Sie und Ihr Team wollen etwas von Ihrem Verhandlungspartner! Bleiben Sie fair, neutral und souverän.

Der Balancing-Tipp

Lachen ist gesund! Nach erfolgreichen Verhandlungen sollten Sie das Ergebnis mit den Kollegen und anderen hilfreichen Händen feiern und auf das Erreichte anstoßen. Das sorgt für gute Stimmung und fördert das Betriebsklima.

Bei Misserfolg: In jedem Fall sollten Sie sich bei den Mitarbeitern für das Engagement bedanken. Sehen Sie den Misserfolg als Lernchance und vermitteln Sie dies auch Ihrem Team. Gehen Sie den Gründen für das Scheitern auf den Grund, aber bitte ohne verbissene Fehler-Such-Mentalität!

Organisation

Wie können Sie Informationsfluten steuern?

Der ganz normale Wahnsinn findet täglich in tausenden Büros statt: E-Mails, Telefonate, Besprechungen, Meetings, Präsentationen, Berge von Aktenordnern und unnötige Administration lassen so manchem die Haare zu Berge stehen.

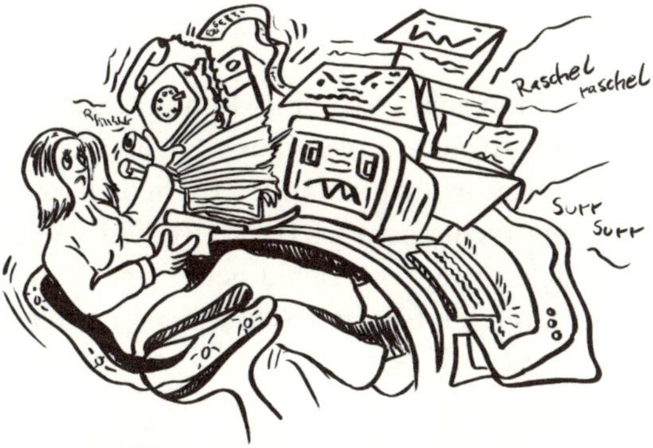

Wo bleibt die Zeit, die einzelnen Informationen zu ordnen und zu verarbeiten? Schnell stellen sich Überforderung und damit ein erhöhtes Fehlerrisiko ein, wenn einen die Informationslawine zu überrollen scheint. Jetzt heißt es kühlen Kopf bewahren, denn bevor Ihnen die Arbeit über den selbigen wächst und drängelnde Vorgesetzte den Job zum Horrortrip werden lassen, nehmen Sie die Zügel lieber selbst in die Hand und (re-)organisieren Sie Ihren kleinen Kosmos »Arbeitsplatz«.

Merke: Verzweiflung, Wut und Hilflosigkeit können erfolgreich abgewendet werden, wenn Sie selbstbewusst und eigenverantwortlich mit sich umgehen und Ihre Stärken und Schwächen den Anforderungen anpassen.

Auf den Punkt gebracht: Wie steuern Sie den richtigen Umgang mit Informationen und vermeiden so eine Reizüberflutung?

Ohne Informationen geht nichts. Diese aus Überlastung gar nicht erst zu beachten noch viel weniger. Die Konsequenz sollte sein, sich ein System zu installieren, mit dem Sie jederzeit den Überblick behalten, das »in Arbeit ertrinken« vereiteln und dennoch die an Sie herangetragenen Informationen weiterverarbeiten und nutzen können. Manchmal sind es ganz einfache Dinge, die uns eine »Boje im Sturm« sein können.

Stressfaktor Telefon

Unablässiges Telefonklingeln stört Ihre Konzentration und lenkt von der begonnenen Arbeit ab. Versuchen Sie »bei der Sache« zu bleiben und nicht zwischendrin an anderen Themen herumzustricken. Das Gefühl, mit nichts richtig fertig zu werden, was Sie begonnen haben, wird sich ansonsten alsbald bestätigen. Nutzen Sie ein paar kleine Tricks, um ungestört und aufmerksam einzelne Themen abarbeiten zu können.

Reiter, Hanspeter: Bei Anruf: souverän, schlagfertig und kompetent. Beltz, Weinheim/Basel/Berlin 2003.

Telefon umstellen: Bitten Sie eine Kollegin oder einen Kollegen, den Anrufern mitzuteilen, dass sie zurückgerufen werden oder es bitte zu einem späteren Zeitpunkt noch einmal versuchen mögen (die Zeit, in der Sie erreichbar sein wollen, sollte ebenfalls feststehen, damit unnötiger Frust bei den Anrufern vermieden wird).

Display nutzen: Handelt es sich um einen internen Anruf, so können Sie sich gegebenenfalls die Nummer notieren und dann später zurückrufen. Externe Gespräche sollten Sie dagegen möglichst sofort annehmen.

Zeitfenster installieren: Vereinbaren Sie mit Ihren Kollegen feste Zeiten, in denen Anrufe günstig sind, und welche, in denen Sie ungestört arbeiten wollen. Wichtig: Begründen Sie Ihren Vorschlag und seien Sie bereit, dies auch bei Kollegen zu berücksichtigen!

Aufgeschoben ist nicht aufgehoben

Je häufiger Sie Aufgaben vor sich her schieben, desto größer wird der Berg – bis er Sie so belastet, dass jede Arbeit zur Qual wird. Handeln Sie sofort und lernen Sie, sich selbst besser zu organisieren. Hier ein paar Tricks, der eigenen Bequemlichkeit ein Schnippchen zu schlagen:

Leistungshoch nutzen: Trauen Sie sich, sich entsprechend Ihrem persönlichen Biorhythmus feste Zeiten einzuteilen! Achten Sie bei der Erledigung von Arbeiten stärker auf Ihre leistungsstarken und leistungsschwachen Phasen und verwenden Sie diese Erkenntnisse zu Ihren Zwecken. Finden Sie heraus, zu welchen Zeiten Sie besonders fit sind und Sie dadurch am effektivsten arbeiten können. Auch Stunden, in denen generell wenig angerufen wird, eignen sich hervorragend für Arbeiten, bei denen man sich stark konzentrieren muss. Erledigen Sie dann die Aufgaben, die Ihre ganze Aufmerksamkeit erfordern: komplizierte Abrechnungen, Statistiken, Präsentationen.

> **Merke:** Sich am persönlichen Biorhythmus zu orientieren macht das Arbeiten nicht nur angenehmer, sondern auch effektiver. Sie sparen für alle Beteiligten kostbare Zeit, da Sie in leistungsstarken beziehungsweise ungestörten Zeiten die Arbeit wesentlich konzentrierter und rascher erledigen können.

Arbeiten Sie alles in verdaulichen Häppchen ab: Teilen Sie zum Beispiel einen Ablagestapel in mehrere Abschnitte (A–D, E–H, ...) ein. Das ist überschaubarer und Sie finden schneller, was Sie suchen. Zudem wird Ihnen das Abarbeiten unter Garantie leichter von der Hand gehen, denn der Abschreckungsfaktor ist nicht mehr ganz so groß. Da die zu erledigenden Teilschritte kleiner sind, bricht selbst dann kein Chaos auf Ihrem Schreibtisch aus, wenn Sie tatsächlich Ihre Arbeit unterbrechen müssen.

Step-by-Step zum Ergebnis: Erstellen Sie vor Arbeitsbeginn (oder am Tag zuvor) eine Liste der zu erledigenden Arbeitsschritte. Machen Sie einzelne Bemerkungen, wie zum Beispiel »dringend«, »wichtig« oder »wenn noch Zeit bleibt«. So haben Sie eine Marschroute für den Tag und lassen sich nicht so schnell von Ihren Vorhaben ablenken.

Sprechen Sie Tacheles: Missverständnisse kosten nur Zeit und Nerven – setzen Sie sich also selbst konkrete Termine. Geht beispielsweise Ihr Chef oder Kollege auf Reisen, sagen Sie ihm, dass die Unterlagen bei seiner Rückkehr auf dem Tisch liegen werden. Legen Sie einen Tag fest, an dem Sie diese Arbeit erledigen wollen und halten Sie sich daran. So können Sie vorerst das Thema beiseite stellen ohne Angst haben zu müssen, es aus den Augen zu verlieren.

Nicht in die Enge treiben lassen: Trauen Sie sich zu, die Dringlichkeit von Erledigungen auch selbst einzuschätzen und sich nicht von Terminen anderer permanent unter Druck setzen zu lassen. Sagen Sie dem Kollegen ruhig einmal, dass er die Budgetplanung nicht morgen, sondern am Ende der Woche bekommen wird. Lassen Sie sich nicht nur von außen steuern und disponieren, sondern besprechen und managen Sie Abgabetermine und Ähnliches.

Der Balancing-Tipp

Erholungspause Kleinkram: Heben Sie sich Kopiertätigkeiten und Telefonate für leistungsschwache Zeiten – etwa nach dem Mittagessen – auf. Haben Sie Kollegen noch Unterlagen oder Ähnliches versprochen? Nutzen Sie diese »Botengänge« als Mini-Trimm-Pfad, denn sie halten wach. Ein kleiner Spaziergang in den Hausfluren oder ein kurzes Schwätzchen mit Kollegen kurbelt den Kreislauf an und schafft ein wenig Abstand zu den Problemen auf Ihrem Schreibtisch. Dann aber wieder mit Zuversicht ran – sonst geraten Sie wieder in die Aufschieber-Falle!

Balanced Personality

Motivationsmanagement

Wie können Sie sich selbst und Ihre Mitarbeiter motivieren?

Es gibt Zeiten, in denen alles zäh wie Gummi zu laufen scheint. Das Team hat keinen Drive und Sie als Teamleader tun sich schon schwer genug, diesen zumindest für sich selbst aufzubringen. Oft hat man als Führungskraft, Geschäftsführer oder Agenturchef den Eindruck, dass das eigene Team nicht wirklich engagiert bei der Sache ist, viele Mitarbeiter nur wenig motiviert sind oder gar passiv vor sich hin arbeiten. Das ist umso irritierender, je deutlicher man mitbekommt, welche Bäume die Mitarbeiter in ihrer Freizeit ausreißen: sie bauen Eigenheime, entladen sich in Fitness-Workouts, organisieren gemeinnützige Vereine oder gewinnen Club-Meisterschaften. Warum zeigen sie im Job nicht die gleiche Spitzenleistung? Weil, und das kann wohl jeder von uns bestätigen, beim Hobby die Ziele frei gewählt sind – im Beruf nicht! Umso paradoxer scheint es da, wenn viele Manager die eigenen Leute erst durch rigiden Führungsstil und strikte Anweisungen zusätzlich demotivieren, um sie dann mit teuren Incentives wieder aufzubauen. Ohnehin zeigt sich immer häufiger, dass die klassischen Mittel der Motivation (Incentives, Prämien, Einheizen, gut zureden und Motivationsseminare) nicht den gewünschten Erfolg bringen, wenn es an der Basis krankt, sprich, wenn die Eigeninitiative fehlt. Das Geheimnis ist: Wer seine Vorgehensweise weitgehend selbst wählen darf, ist stärker motiviert! Das zeugt von Respekt und Vertrauen in die Leistungen des Betreffenden. Sie müssen auch hier loslassen können und voraussetzen, dass Sie ein kompetentes Team haben.

Merke: Das »Was?« wird vereinbart; das »Wie?« ist Sache des Mitarbeiters. Ihre Aufgabe besteht darin, in Meetings und in formellen oder informellen Mitarbeitergesprächen tatsächlich zu »führen« und nicht anzuordnen (außer, jemand will es gar nicht anders verstehen!).

Auf den Punkt gebracht: Wie erhöhen und stabilisieren Sie Eigeninitiative und Motivation?

Wollen Sie kleine Arbeitsameisen oder ein gesundes, leistungsfähiges Team, das Ihnen strukturiert, motiviert und diszipliniert zuarbeitet? Falls Letzteres, hier ein paar Schlagworte in Sachen Motivationskriterien für Mitarbeiter: leistungsgerechte Entlohnung, Festanstellung, berufliche Perspektiven, Weiterbildung und Schulungen, Gleichbehandlung, individuelle Arbeitszeit- und Dienstplangestaltung, Stärkung der Eigenverantwortung, Monatsvorausplanung, Rücksicht auf Mobilität, Rücksicht auf private und soziale Belange, Rücksicht auf individuelle Fähigkeiten und vieles mehr. Richtig leistungsfähig und -willig ist nur, wer sich tatsächlich im beruflichen Alltag motiviert und anerkannt fühlt. Mit der richtigen Strategie spornen Sie Ihre Mitarbeiter an.

Zeigen Sie Interesse an der Person: Machen Sie sich ein Bild von deren Umgebung und Umfeld. Sie können somit viel besser auf den Menschen eingehen und die jeweils beste Motivationsstrategie entwickeln.

Ziele und Termine nicht vorgeben, sondern kollegial vereinbaren: Besprechen Sie mit Ihrem Team genaue Zielvereinbarungen und einen passenden Zeitrahmen. Vermeiden Sie strikte Vorgaben und Anordnungen. Erläutern Sie jedoch aufrichtig die Konsequenzen für den Fall, dass dieses Ziel nicht erreicht wird. Das reicht, um den nötigen »Ernst bei der Sache« wieder herzustellen und Deadlines realistisch vereinbaren zu können.

Fairness ist das A und O: Vermeiden Sie Unsicherheiten, permanente Rückfragen und Fehlerquellen und beziehen Sie Ihre Mitarbeiter konkret in die Prozessplanung mit ein. Sparen Sie nicht mit Informationen und erklären Sie den Sachverhalt klar und ausführlich. Nur so weiß der einzelne Mitarbeiter, was genau zu machen ist, und kann die Aufgabe in Ihrem Sinne erfolgreich erledigen.

Work-Mix organisieren: Ein wenig Abwechslung, gepaart mit Verantwortung, erhöht die Motivation ungemein. Herausforderungen, die man meistern kann, beflügeln viele Mitarbeiter zu Höchstleistungen, denn jeder möchte, bewusst oder unbewusst, seine Grenzen erweitern und wachsen. Stellen Sie bei der Arbeitsverteilung sicher, dass sich die Mitarbeiter dadurch nicht ins Gehege kommen.

Vorsicht mit Vergleichen: In manchen Fällen kann es sinnvoll sein, die Leistung von Mitarbeitern im Vergleich mit ihren Kollegen zu betrachten. Im Grunde sollte dieses Werkzeug nur eingesetzt werden, um wiederum positiv einzuwirken, sprich zu motivieren. Dadurch können Sie deutlich signalisieren »das schaffen Sie auch!«. Um jemandem aber klar zu machen, welche Defizite er hat, ist ein Vergleich allerdings völlig ungeeignet, ja unfair. Manche Menschen reagieren auf solche Konkurrenzsituationen negativ und fühlen sich extrem demotiviert. Hier ist Ihre Menschenkenntnis und Ihr Fingerspitzengefühl gefragt!

Das Team ist jeder Einzelne: Machen Sie den Mitarbeitern deutlich, dass jeder Einzelne zum Gelingen des Gesamtprojektes wesentlich beiträgt und als aktiver Mitstreiter für die Sache willkommen ist. Das setzt voraus, dass Sie jeden Mitarbeiter von Beginn an in das Projekt integrieren und dabei sicherstellen, dass alle aktuellen Informationen jedem im Team zugänglich sind. Sorgen Sie dafür, dass jeder die Möglichkeit hat, eigene Vorschläge, Anregungen, aber auch konstruktive Kritik einzubringen.

Feedback-Kultur: Planen Sie in jedem Meeting eine Response-Phase mit ein. Erfragen Sie bei jedem Einzelnen im Team den Stand der Dinge, das heißt, ob er noch etwas vom Team für seinen »Teilprozess« braucht, ob er mit den anvisierten Terminen nach wie vor klarkommt (gibt es Konflikte oder Verzögerungen?), was er für Informationen hat, die für alle im Team interessant sein könnten? Zum einen erfahren Sie so rechtzeitig, ob alles im Lot ist (oder ob sich eventuell klammheimlich ein Disaster anbahnt), zum anderen fühlt sich jeder Einzelne ernst genommen und unterstützt.

Merke: Wenn Schwierigkeiten gesehen werden verstecken Sie sich nicht hinter Vorwürfen und reden Sie die Dinge nicht vom Tisch. Sie sind der Teamleader, und so sollten Sie aktiv mithelfen, eine probate Lösung zu finden.

Persönliches Lob: Hin und wieder ein persönliches Wort und ein konkretes Lob steigern die Arbeitsfreude und verstärken die Bindung zu Team und Teamleader. Je mehr Sie als Leader auf positive Aspekte Ihrer Mitarbeiter konzentriert sind, wie zum Beispiel Engagement, Genauigkeit oder Termintreue, umso enthusiastischer werden diese ihre Arbeit verrichten. Arbeit muss Spaß machen, sonst ist sie (für alle!) auf Dauer ermüdend. Wer spürt und weiß, dass er selbst und seine Arbeit geschätzt wird, bemüht sich umso mehr.

Der Balancing-Tipp

Fördern Sie ein menschliches Miteinander! Niemand legt sein Privates am Eingangsportal ab – das zu erwarten ist naiv und irreal. Ein paar Sätze zur heutigen Befindlichkeit oder auch bei privaten Stresssituationen verschwenden keine Zeit, sondern zeugen von Ihrer Größe, den Menschen als ganzheitliche Persönlichkeit anzuerkennen.

Soziale Kompetenz

Wie viel Empathie und Eigenverantwortung muss sein?

Sozialkompetenz beschreibt und umfasst grundsätzlich die Fähigkeit, menschliches Wachstum zuzulassen. Die so genannten Soft Skills, wie zum Beispiel

- Teamgeist,
- Fairness,
- Flexibilität,
- Kritikfähigkeit,
- Kommunikationsfähigkeit sowie
- Einfühlungsvermögen

helfen, eine wichtige Botschaft zu vermitteln: »Es geht nicht ohne dich, lieber Mitarbeiter.« Wenn man Menschen neben sich »gedeihen« lässt, wachsen sie oft über sich selbst und Ihre Aufgaben hinaus. Viele Vorgesetzte haben aber leider unbewusst die Sorge, man könne ihnen dadurch über den Kopf wachsen, das heißt, größer werden als sie selbst. Ersparen Sie sich und anderen derlei Profilneurosen und bilden Sie die Fähigkeit aus, anderen mit dem Gefühl der Gleichwertigkeit zu begegnen.

Merke: Alles, was menschliches Wachstum behindert, ist sozial inkompetent! Beispielsweise das ständige Anweisen von Dingen, auf die der Mitarbeiter auch von allein gekommen wäre, oder das penetrante Überwachen von Vorgängen, die er gut und gerne selbst hätte kontrollieren können.

In der Realität wird in Managementkreisen immer noch oft genug hinter vorgehaltener Hand Folgendes kolportiert: »Was nützt mir Sozialkompetenz? Meine Zahlen müssen stimmen!« oder »Erst kommt das Ergebnis, dann die Sozialkompetenz.«

Dabei ist die Reihenfolge genau umgekehrt: Je höher die soziale Kompetenz, desto besser die Zahlen! Doch eines ist ganz klar: Sozialkompetenz muss erlernt (zum Beispiel in Coachings, Seminaren usw.) und durchgehend praktiziert werden, sonst kann es nicht klappen. Oder kennen Sie jemanden, der zum ersten Mal eine Violine in die Hand nimmt und dann fehlerfrei Paganinis Concerto No. 1 fiedelt? Nein? Dann funktioniert die Violine wohl nicht. Wenn eine Führungskraft 20 Minuten am Tag zielorientiert, beziehungsverträglich und partnerschaftlich führt und danach 7 Stunden 40 Minuten den eigenbrötlerischen Tyrannen markiert, kann man sich das Ergebnis ausmalen. Es geht hier beileibe nicht um verweichlichte Führungstechniken oder das smarte Suggerieren von Fairness, Toleranz und Einfühlungsvermögen. Ernst genommene Sozialkompetenz zeigt sich als kluger Führungsstil zum Wohle aller Beteiligten. Ziel ist es, der »Erste unter Gleichen« zu sein und nicht etwa der »wohlmeinende« Trommler auf der Sklavengaleere.

Erziehen Sie Ihre Mitarbeiter dazu, sich innerhalb vorgegebener Rahmen ihre Ziele schriftlich selbst zu setzen, eigenständig die nötigen Maßnahmen zur Zielerreichung zu erarbeiten, sich selbst im Grad der Zielerreichung zu kontrollieren und eigenständig Sie als Vorgesetzten über den aktuellen Status der Ziele zu informieren.

Dies wird Sie zeitlich sehr entlasten und fördert zudem Ihre Mitarbeiter. Denn wer verantwortlich ist, muss sich immer up to date halten, notwendige Informationen besorgen und weitergeben. Außerdem ist er dadurch einem perfekten Ergebnis wesentlich stärker verpflichtet, als wenn er »verantwortungslos« vor sich hin operieren kann, darf, soll. Optimierte Ergebnisse, Gewinnmaximierung, Zeitersparnis und gutes Betriebsklima sollten Ihnen Überzeugung genug sein. Die Vorteile in Kurzform:

Fördern Sie Ihre Mitarbeiter, Sie werden bald die Vorteile sehen.

- Führungskräfte sparen bis zu 90 Prozent der Zeit ein, die sie ansonsten für das Kontrollieren von Aufgaben verwenden müssen. Täglich sind das ein bis zwei Stunden. Stellen Sie sich vor, Sie hätten diese Zeit zur Verfügung.

- Diejenigen Mitarbeiter, die früher unbedarft hinter den Anweisungen hertrotteten, denken jetzt aktiv mit. Darüber hinaus bringen sie ihre eigenen Ideen ein, für die sie sich ganz anders ins Zeug legen, als für die rigiden Anweisungen des Fachvorgesetzten.
- Der Effekt ihrer erweiterten Kompetenz kommt einem Job-Enrichment gleich: Die Mitarbeiter entwickeln sich fachlich weiter und übernehmen immer größere Verantwortung in der Firma.
- Es wird sich eine greifbare Kultur des Vertrauens in der Abteilung entwickeln.

»Aber ich kann doch einem einfachen Mitarbeiter nicht erlauben, sich sämtliche Ziele selbst zu setzen« ist eine häufige Reaktion von Führungskräften auf den heiß geliebten Kontrollverlust und Privilegiertenwahn. Selbstredend gibt es natürliche Grenzen für die Entscheidungsfreiheit der Mitarbeiter, zum Beispiel das Budget oder die Termine für die Auftragsbearbeitung.

Merke: Seien Sie klug und filtern Sie ohne Missgunst und Rechthaberei Ihre eigenen Vorteile, die der Mitarbeiter sowie die des Unternehmens heraus. Schnell werden Sie feststellen, dass im Grunde Sie selbst der Hauptnutznießer dieses Führungsstils sind, und das sollte Ihren durch Ehrgeiz geschlagenen Wunden gut tun.

Eines muss dabei ganz klar sein: Geben Sie Ihren Mitarbeitern die Freiheit, können Sie zwar mit ihnen über die Ziel- und Mittelwahl reden, darüber hinaus jedoch müssen Sie ihnen einfach zutrauen, dass sie das Richtige tun werden. Man muss ihnen vertrauen! Ansonsten gilt: »Wenn du einem Menschen nicht traust, stell ihn nicht ein!« Basta.

Sprenger, Reinhard K.: Vertrauen führt. Worauf es im Unternehmen wirklich ankommt. Campus, Frankfurt a. M./New York 2002.

Auf den Punkt gebracht: Was macht soziale Kompetenz aus und wie installieren Sie diese?

Auch für die Sozialkompetenz gibt es einfache, pragmatische Testfragen. Verwenden Sie diese, um vorab Ihre eigenen Vorgesetzten einer heimlichen Prüfung zu unterziehen, dann wenden Sie diese auf Ihre eigene Führungs-Performance an und unterziehen sich selbst einem kleinen, selbstkritischen Führungs-Audit.

Was bedeutet gelebte Führungskompetenz?

Betrachten Sie Ihren Vorgesetzten, sich selbst oder eine andere Führungskraft vor Ihrem geistigen Auge und stellen Sie sich die folgenden Fragen. Notieren Sie sich Ihre Antworten.

Können Sie sich vorstellen, sich unter diesem Vorgesetzten fachlich und menschlich weiterzuentwickeln? Wenn ja, wie?

Können Sie sich vorstellen, dass Sie, wenn Sie einen echten Bock geschossen haben und noch bevor Sie versuchen, diesen zu vertuschen oder zu beheben, erst mit diesem Vorgesetzten darüber sprechen? Wie könnte das aussehen?

Können Sie sich vorstellen, sich mit diesem Vorgesetzten zu streiten, ohne sich danach als Verlierer zu fühlen? Notieren Sie ein Beispiel.

Wenn Sie sich nach einem langen Tag beim Feierabend-Wein fragen: Wo hat dieser Vorgesetzte heute menschliches Wachstum gefördert und wo behindert – was fällt Ihnen ein?

Wie sieht die Bilanz der vorangegangenen Frage aus: Fördert oder zerstört er per Saldo?

Sicher haben Sie bei der vorangegangenen Übung schnell festgestellt, dass »Soziale Kompetenz« nicht nur gut klingt, sondern sich Tag für Tag in den gelebten Interaktionen ausdrückt. Nicht die Schlagworte gehören in die Praxis, sondern deren Umsetzung!

Merke: Um achtsam und gekonnt mit den Stärken und Schwächen einzelner Mitarbeiter umgehen zu können, muss man in der Lage sein, das »belastende Potenzial« zu erkennen. Sollte Ihnen das alles zu anstrengend sein, geben Sie die Führungsrolle lieber an jemanden ab, der sich durch Mitarbeiterführung und Prozessorganisation nicht überfordert fühlt!

Die Basis aller sozialen Kompetenz ist eine »kompetente Kommunikation«. Lernen Sie richtig zuzuhören – dies ist oftmals viel wichtiger, als zu reden! Die folgenden drei Arten der Kommunikation sollten Sie beherrschen, wenn Sie erfolgreich kommunizieren wollen.

Mit den Ohren hören: Hören Sie gut zu, was Ihr Gegenüber zu sagen hat, bevor Sie an Ihre Antwort denken. Viele von uns konzentrieren sich nur auf ihre eigenen Gedanken und Worte und interessieren sich im Grunde nicht für die Ideen anderer.

Mit den Augen hören: Achten Sie auf die Körpersprache Ihres Gegenübers. Erkennen Sie Alarmzeichen (etwa Stirnrunzeln, Abbruch des Augenkontakts, verschränkte Arme, nervös fuchtelnde Hände)? Dann wird es Zeit, auf die Sorgen und Nöte der anderen Person einzugehen. Fragen Sie offen: »Wie ist denn Ihre Meinung in dieser Frage?« oder »Welches Problem haben Sie damit?«

Mit dem Herzen hören: Empathie ist mehr, als logisches Verständnis für eine Situation. Versuchen Sie, die emotionalen Untertöne heraus zu filtern. Viele Menschen wollen ihre Gefühle nicht offen zeigen. Es sei denn, sie werden darum gebeten. Fragen Sie also nicht nur »Wie denken Sie darüber«, sondern auch »Was für ein Gefühl haben Sie dabei?«

Der Balancing-Tipp

Soziale Kompetenz bedeutet nicht nur, aus Fehlern persönlich und zum Wohle des Ganzen zu lernen, sondern verbindliche Beziehungen zu gestalten und zu vertiefen – auch dann, wenn es gerade schwierig aussieht. So bringen Sie Ihr Team dazu, auf unbequeme Herausforderungen nicht automatisch, sondern kreativ zu antworten und lösungsorientiert und fühlbar zu kommunizieren. Dies erhöht die schöpferische, kreative Intelligenz im Menschen, was zu mehr Erfolg für das ganze Unternehmen führt. Haben Sie den Mut, sozial und damit menschlich und verantwortungsbewusst Ihr Team zu führen.

»Kummerkasten Vorgesetzter«

Wo sind die Grenzen?

Die Anzahl und Intensität der Konflikte in Unternehmen ist in den letzten Jahren schneller gewachsen als unsere Fähigkeit, damit umzugehen. Obwohl wir über die gesamte Strecke unseres Lebens mit Konflikten und Kummer konfrontiert sind, neigen wir dazu, Unangenehmes zu negieren, und weigern uns, endlich zu lernen, wie mit fachlichen aber auch zwischenmenschlichen Konflikten umzugehen ist. So stehen also viele Fachvorgesetzte vor dem Dilemma, tatsächlich Herz und Ohren öffnen zu müssen, um den ihnen anvertrauten Menschen so gut wie möglich zum Erfolg zu verhelfen.

Auch unter höheren Dienstgraden verstecken sich emotionale Feiglinge und konfliktscheue Ignoranten, die sich schnell von allzu viel Menschlichkeit unangenehm berührt fühlen. Führungspersönlichkeit? Wohl kaum. Im Grunde geht es darum, Ihren Mitarbeitern als kompetente Vertrauensperson zur Verfügung zu stehen und nicht tröstend das Händchen zu halten. Hierbei gilt es, jammernde Transusen und geschickte Intriganten von denen zu trennen, die tatsächlichen von Sorgen gebeutelt sind, ihre Angst oder auch Eitelkeit mutig überwunden haben und vertrauensvoll um Hilfe oder einen guten Rat bitten. Hüten Sie sich davor, gramgebeugte oder angesäuerte Mitarbeiter vorschnell zum dummen Jungen oder hysterischen Mädchen zu degradieren, oder sich dahinter zu verstecken, dass Sie selbst niemals zu Ihrem Vorgesetzten marschieren würden. Mit Arroganz lösen Sie keine Probleme! Schlussendlich sind Sie für Ihr Team verantwortlich und haben sich sowohl für eine transparente Teamkultur, ein gerechtes Miteinander aber auch hin und wieder für das Wohlbefinden Einzelner einzusetzen.

Keine Angst vor Menschlichkeit!

Merke: Nehmen Sie sich Zeit für ein Gespräch. Finden Sie heraus, mit welchem Kandidaten Sie es zu tun haben, welche Motive dahinter stehen, wer beteiligt ist und wie Sie am besten für Abhilfe bei Konflikten sorgen können. Nur so vermeiden Sie, aus persönlichen Präferenzen und Sympathien heraus bestimmte Teammitglieder ernster zu nehmen als andere.

Sie müssen Ihr Team nicht zwanghaft auf Positiv trimmen und damit suggerieren, es gäbe keine Probleme. Alles ist erlaubt, man muss nur pfleglich und konsequent damit umgehen.
Der Vorteil bei aktiver Herangehensweise: Allein durch die Art der Gesprächsführung merken Jammerliesen und Intriganten schnell, dass sich ihr Problem nur so lange wiederholt, wie sie sich aufs Jammern und Intrigieren beschränken – und werden nicht mehr vor Ihrer Tür stehen. Diese Gesprächsführung kostet zwar kurzfristig Energie und bedarf einer universellen Denkweise, Konzentration, Umsicht sowie einer guten Portion Einfühlungsvermögen, doch zeugt sie von hoher Konfliktkompetenz.

Auf den Punkt gebracht: Wie gehen Sie mit Kummer und Konflikten Ihrer Mitarbeiter um und wo sind die Grenzen?

Die Tür springt auf, ein Mitarbeiter stürzt aufgebracht in Ihr Büro und möchte sofort Dampf ablassen, oder Sie bemerken tiefdunkle Wolken am Teamhimmel. Gehen Sie dem Übel auf den Grund, packen Sie aufkeimende Konflikte bei der Wurzel und zeigen Sie auf dem Weg dorthin deutlich, welche Gesprächskultur förderlich ist und wo die Grenzen sind.

Unbewusste Konfliktreaktion bewusst machen: Was hassen Sie am meisten an Konflikten? Viele Führungskräfte haben eine ausgesprochene Abneigung gegen Konflikte, weil sie Zeit raubend sind und die Mitarbeiter sich oft uneinsichtig zeigen. Dabei sind Konflikte an sich weder Zeit raubend, noch sind (die meisten) Mitarbeiter uneinsichtig. Beides wird erst von der Führungskraft durch ungeduldige und vorschnelle Ad-hoc-Lösungen provoziert. Dieser Umstand ist so lästig wie hausgemacht, denn jeder Konflikt war einmal ein Konfliktchen – eine winzige, aber nicht unbedeutende Störung – die Sie nicht wahrhaben wollten!

Haschtmann, Lorenz: Karriere statt Konflikte. Wege aus dem Kollegenstreit. Probleme lösen, Stress vermeiden. Gräfe und Unzer, München 2001.

Dulabaum, Nina L.: Mediation: Das ABC. Die Kunst, in Konflikten erfolgreich zu vermitteln. Beltz, Weinheim/Basel/Berlin [4]2003.

Aussitzen bringt nichts: Jeder Konflikt bedarf des aktiven Eingreifens. Unterlassene Hilfeleistung verschlimmert jedes Problem. Lassen Sie nicht zu, dass akute und chronische Konflikte das Arbeitsklima vergiften und dadurch die Arbeitsleistung der Mitarbeiter stark gemindert wird. Greifen Sie frühestmöglich ein! Bevor Ihrem Team und Ihnen selbst der Spaß an der Arbeit durch ständige Streitereien genommen wird, sollten Sie unbedingt aktiv werden und mit Konfliktmanagement (unter anderem auch Mediation) gegensteuern.

Zeigen Sie emotionale Akzeptanz: Bedenken Sie, dass eine spontane Wut- oder Schmollreaktion in Konflikten einer einvernehmlichen Lösung zwar abträglich ist, aber unbewusst abläuft. Sobald Sie dem jeweiligen Mitarbeiter dies bewusst machen, verliert diese Reaktion ihre Wirkung. Für die Unterbrechung einer automatischen Konfliktreaktion brauchen Sie nur eines: Aufmerksamkeit. Signalisieren Sie durch Ihre Körpersprache (Kopfnicken, Lächeln) der anderen Person, dass Sie ihre Gefühle verstehen und akzeptieren. Fordern Sie Ihr Gegenüber auf keinen Fall auf, er solle sich endlich beruhigen. Verzichten Sie auf Richtigstellungen oder gar Gegenangriffe. Sagen Sie freundlich mitfühlend: »Das ist in der Tat schwierig!« oder »Ich kann verstehen, dass Sie sich darüber ärgern.«

Merke: Die meisten Konflikte eskalieren erst dann, wenn sie zu lang ignoriert wurden. Sollte es sich tatsächlich von alleine bessern, fühlen sich Ihre Mitarbeiter längst im Stich gelassen, weil Sie es bis dahin nicht für nötig befunden haben, ihnen zu helfen.

Hinterfragen Sie »Was meint er wirklich?«: Beobachten Sie doch einmal, wenn andere Menschen sich streiten: Die Kontrahenten streiten nur zu zehn Prozent um die Fakten – 90 Prozent der Zeit wird dazu verwendet, aneinander vorbeizureden!

Beispiel: Ein Mitarbeiter konfrontiert Sie wütend und bar jeder klugen Gesprächstaktik: »Dieser verdammte Dienstplan! Die ganzen Abende sind futsch. Warum tun Sie uns das an?«

Wie reagieren viele Führungskräfte darauf? Sie verteidigen sich und das Streitobjekt! Frustration macht sich breit, der Konflikt bleibt ungelöst. Anstatt das zu tun, was jeder Außenstehende sofort tun würde: Fragen! Ihre erste Frage nach jedem Vorwurf sollte lauten: Was meinen Sie damit? Denn das, was Sie glauben (beispielsweise unflexibel), ist mit Sicherheit nicht das, was wirklich dahinter steckt (zum Beispiel beruflich oder familiär überfordert). Auch und gerade wenn Sie absolut sicher sind, die Antwort bereits zu kennen, sollten Sie nachfragen, was der Konfliktträger wirklich meint.

Was will er von mir? Und warum? Die meisten Menschen sind vor lauter Emotion so aufs Streiten, Angreifen und Recht haben konzentriert, dass sie ganz vergessen, was sie im Grunde wollen. Sie können den Streithahn in dieser Situation mit einer einzigen Frage wieder auf den Boden bringen: »Was wünschen Sie sich denn jetzt als Lösung?« Fragen Sie immer nach dem Wunsch und dem Grund des Wunsches. Wohlgemerkt: Stellen Sie diese Frage erst, nachdem Sie eruiert haben, worauf er im Grunde raus will.

Achtung: Sollten Sie feststellen, dass sich ein Intrigant mit vermeintlich arbeitsrelevanten Motzereien über Kollegen zu Ihnen verirrt hat und dadurch geschickt um »Unterstützung von oben« buhlt, zeigen Sie deutlich und unmittelbar, dass Sie auf diese Art »Teamwork« keinerlei Wert legen!

Verhandeln Sie Interessen, nicht Positionen: Wann immer ein Gespräch festgefahren ist, können Sie davon ausgehen, dass über das Falsche verhandelt wird. Wer nur auf die eigene Position starrt (gilt für beide Parteien!), wird völlig blind für echte Lösungen.

Lassen Sie zu, dass Mitarbeiter auch private Stresssituationen äußern – diese gehören zur Konflikthistorie und dürfen nicht ausgeklammert werden. Zwar wird gerne erwartet, dass der Job an erster Stelle steht (von Ihnen auch?), die Wahrheit aber ist, dass ohne ein funktionierendes Privatleben schnell bei jedem die Luft raus ist.

Der Balancing-Tipp

Sie sollten bei Problemen jederzeit und schnell in der Lage sein, durch gezielte Gesprächsführung nachhaltige Lösungen zu schaffen. Hier folgen neun schnelle Schritte zur Konfliktklärung.

- Ausufern vermeiden. Thema vereinbaren und einen Zeitrahmen für das Gespräch festlegen.
- Führen Sie Regeln ein (Gesprächsdisziplin) und reagieren Sie auf jede Missachtung.
- Fordern Sie dazu auf, Ärger und Frust zu benennen.
- Lösen Sie zuerst das emotionale Problem, dann erst das Sachproblem!
- Alle Beteiligten ausreichend zu Wort kommen lassen.
- Enthalten Sie sich jedweder Wertung und senden Sie Ich-Botschaften statt Vorwürfe.
- Lassen Sie von jedem Wünsche formulieren.
- Finden Sie den kleinsten, gemeinsamen Nenner und formulieren Sie eine für alle attraktive Lösung.
- Legen Sie das Ergebnis schriftlich fest.

Zufriedenheit

Wie lernen Sie eigene Erfolge zu genießen?

Nicht die Größe Ihrer Erfolge ist entscheidend, sondern Ihre Fähigkeit, alles Positive in Ihrem Leben als Erfolg wahrzunehmen und zu genießen. Genießen hat mit Zufriedenheit zu tun! Wenn Sie sich schwer über Kleinigkeiten freuen oder diese nicht genießen können, dann haben Sie grundsätzlich ein Problem – da helfen Ihnen auch keine Management-Medaillen oder Erfolgsprämien. Es tut sicher gut, wenn Familie und Freunde Ihre Erfolge anerkennen und sich unbefangen darüber freuen können, doch wenn Ihnen selbst das Lachen nicht in den Augen steht, hat der Erfolg Sie emotional kalt gelassen. Wozu dann die ganze Schinderei?

Indem Sie sich freuen, schütteln Sie zum einen den angestauten Stress (den Sie zur Erreichung Ihrer Ziele mit Sicherheit hatten) ab, zum anderen beanspruchen Sie »ohne Worte« den Erfolg für sich, und damit gehört er zu Ihrer Vita. Da kann sich schon ein Glücksgefühl in Ihrem Bauch breit machen, oder? Mehr braucht es nicht, um sich mit seiner Arbeit erfüllt zu fühlen und sein Selbstwertgefühl zu stärken. Allenfalls schwache Charaktere stützen sich auf ihre Erfolgshistorie (mehr glauben sie im Grunde auch nicht bieten zu können!) in Form von Statussymbolen und überheblichem Gehabe. Kommt das Gefühl der »Zufriedenheit mit sich selbst« nicht in Ihrem Herzen an, können Sie Erfolge sammeln wie gewöhnliche Informationen – Sie werden weiter nach Aufmerksamkeit, Zuspruch und diversen Huldigungen hungern.

Merke: Dies geschieht häufig, wenn Sie sich keine Etappenziele gesetzt haben, Sie also gar nicht spüren, wenn Sie auf Ihrem Siegeszug zumindest einen Teilerfolg erreicht haben oder auch, indem Sie schnell noch mehr erreichen wollen und den jetzigen Erfolg somit garnicht mehr richtig (ein-)schätzen können.

Wo soll das Ende der Fahnenstange sein? Wann gibt Ihr Ego Ruhe? Wer so viel braucht, tut sich zudem schwer, etwas abzugeben! Erfolge mit anderen zu teilen – die Ihnen wahrscheinlich auch zum Erfolg verholfen haben – ist jedoch das Sahnehäubchen der Zufriedenheit. So verhält es sich bei Ihnen und genauso bei Ihren Mitarbeitern. Der eine fordert sich stillschweigend selbst Erfolge ab, der andere braucht Motivation, um am Ball zu bleiben. Teilen Sie die Freude über das Erreichte und knausern Sie nicht mit Lob und Zuspruch, ja, zeigen Sie ruhig, dass Sie stolz auf Ihre Mitarbeiter sind. Das spornt an und gibt der Arbeit auch einen emotionalen Sinn. Freuen Sie sich aufrichtig mit und lassen Sie möglichst viele an den kleinen Erfolgen der Kollegen teilhaben. Das macht Lust auf mehr! Bedenken Sie: Wer sich nicht freuen kann, hat ein tolles Gefühl verschenkt!

Erfolg ist immer das Ergebnis Ihrer Denkweise!

Sagen Sie jetzt nicht, dass Sie nicht wissen, wie Sie das erreichen können. Es hat lediglich mit Ihrer Erwartungshaltung und Ihrer Wahrnehmung zu tun. Wer mit sich und seinem Leben zufrieden ist, sich also über vielerlei Dinge freuen und diese als Dutzende Teilerfolge sehen kann, ist ein zufriedener Mensch und strebt neue Erfolge als neue Herausforderung an und nicht, um sich endlich einmal satt zu fühlen. Es beginnt also im Kleinen.

Um Ihnen dies bewusst zu machen, ziehe ich eine kleine Schleife zum Thema Unterbewusstsein. Die Fähigkeit, beruflich erfüllt und erfolgreich zu sein, beginnt im Inneren. Nur wenn Sie Ihr Unterbewusstes wahrnehmen, können Sie lernen, mit sich und anderen erfolgreich umzugehen und persönliche Erfolge zu genießen. Das Unterbewusstsein fungiert als Datenspeicher, gefüllt mit angestauter Lebensweisheit. Jedes Gefühl und jeder Gedanke, der uns jemals widerfahren ist, wurde und wird als persönliche Erinnerung gespeichert.

Schicksalszentrale Unterbewusstsein

Die Bedeutung dieses Themas kann gar nicht überschätzt werden. Es ist nicht nur wichtig und wertvoll für Ihr persönliches Glück, für Ihre Erfolge auf allen Lebensgebieten – also auch den materiellen –, sondern ebenso für Ihre geistige und seelische Entwicklung. In gleichem Maße ist es von Belang für alle Ihre Mitmenschen, Partner, Freunde, Mitarbeiter, die sich in Ihrem Umkreis befinden. Durch welche Brille Sie blicken, das heißt, wie Sie einen Menschen oder eine Situation auf Grund Ihrer eigenen Wertekoordinaten und Erfahrungen wahrnehmen, beeinflusst nicht nur Ihr eigenes Handeln, sondern immer auch unmittelbar Ihre Umgebung.

Für viele Menschen klingt das Wort »Unterbewusstsein« mysteriös und fiktiv. Sie müssen begreifen, dass Sie ständig in einer Welt der Fiktion leben, diese nur momentan nicht selbst steuern. Oder glauben Sie tatsächlich, dass Ihr Vorgesetzter etwas gegen Sie hat, nur weil er Sie grimmig begrüßt? Sie wissen es nicht! Auch wenn er es abstreiten würde, könnten Sie nicht 100 Prozent sicher sein, nicht wahr? Es ist also an der Zeit, sich bei der erstaunlichen Auswahl an Betrachtungsweisen den für Sie angenehmsten »Film« herauszusuchen.

Wagen Sie sich mit Mut zu neuen Sichtweisen

Die Geschichte eines jeden Films entsteht in Ihrem Kopf! Dazu brauchen Sie Ihre Wahrnehmung und Ihr Unterbewusstsein. Es ist erstaunlich, wie unbekannt ein so bedeutender Bereich unseres eigenen Ichs ist. Erstaunlich ist auch, mit wie wenig Interesse die meisten Mitmenschen ihrem eigenen Ich und allem, was damit in Zusammenhang steht, gegenüberstehen. Sicher hängt es damit zusammen, dass so wenige eine echte Vorstellung vom Inhalt und Sinn des Lebens haben. Die Folge davon ist, dass viele enttäuscht sind. Verwunderlich auch die Unzufriedenheit – ja oft Depression – wenn man weiß, dass der durchschnittliche Bundesbürger Annehmlichkeiten und einen Luxus genießt, der in früheren Jahrhunderten undenkbar war und in weiten Teilen der Erde grundsätzlich fehlt.

Das mangelnde Wissen um die schöpferische Energie des Unterbewussten verhindert nicht, dass diese bedeutende Kraftquelle tagtäglich unser persönlicher »Tourguide« ist. Wir nehmen nur wahr, was wir durch diese Brille sehen und was damit in unser Bewusstsein aufsteigt. Unser Unterbewusstsein selektiert lediglich – und genau darum geht es!

Wenn wir es schaffen, unser Unterbewusstsein zu steuern und damit die »abzuspeichernden Daten« in unserem Sinne vorzuselektieren, sind wir Herr im eigenen Hause. Setzen Sie als Speicherkriterium »Zufriedenheit« und »freudiges Engagement« ein und nicht mehr »Angst vor Misserfolg« und »Selbstschutz«, wird sich Ihre »Festplatte« schnell mit angenehmen, positiven Wahrnehmungskriterien füllen. Und so fühlen Sie sich dann auch! Das Unterbewusstsein kann zu Ihrem besten Freund werden und Sie zu dauerhafter Erfüllung führen. Diese schöpferische Quelle ist vorhanden, unabhängig davon, ob man sie erkennt oder nicht, und auch, ob man sie nutzt oder nicht.

Was können Sie tun, wenn Ziele Wirklichkeit werden sollen?

Auf den Punkt gebracht: Was gehört dazu, um Erfolge bewusst zu genießen, zu sichern und auszubauen?

Die Stufen zum Erfolg fangen in Ihrem Inneren an. Lernen Sie zu unterscheiden, was Ihre eigenen Ziele – und damit späteren Erfolge! – sind und welche unter Umständen von außen an Sie herangetragen werden (soziales Umfeld, Familie, Vorgesetzte).

Leben analysieren: Scannen Sie den Stand der Dinge: Gesundheit, Entfaltung, Familie, Existenz, Beruf, Wettbewerb, Gesellschaft, Umwelt, Nachwelt.

Ziele setzen: Erkennen Sie die Kraft von Zielen! Wagen Sie es, Grenzen zu überschreiten. Erarbeiten Sie Lebensvisionen und Zukunftsziele und setzen Sie sich ein Makroziel.

Erfolge planen: Unterscheiden Sie Wesentliches von Unwesentlichem. Setzen Sie Prioritäten und lösen Sie mögliche Engpässe. Beachten Sie den Wert des Erfolges für Sie und Ihre Umwelt und bedenken Sie Alternativen. Dann den geplanten Erfolg gezielt vorbereiten.

Nehmen Sie wahr, was Sie wollen: Versuchen Sie einen Monat lang ganz konkret positiv zu handeln, sich und anderen permanent positive Signale zu geben. Eine positive Kettenreaktion nach der anderen wird ausgelöst und wird Sie angenehm überraschen. Alles beginnt mit Ihren Vorstellungen, Wahrnehmungen, Gedanken und Handlungen. Wenn Sie diese Dinge zuversichtlich und positiv gestalten, sind Sie in einem klaren Aufwärtstrend. Sie werden sich gesünder, glücklicher, vitaler und entspannter fühlen.

Loslassen: Wie effektiv es ist, im Leben hin und wieder mit heiterer Gelassenheit abzuwarten und sich auf den Erfolg zu freuen, können Sie vortrefflich bei einem Bogenschützen sehen. Er kennt sein Ziel, bereitet sich mental auf den Schuss vor. Dann kontrolliert er seine Atmung, spannt den Bogen und visiert sein Ziel an. Und ... er lässt los! Das Zauberwort nach dem Zielen heißt also: Loslassen. Es wird nichts zu Ihrem Nachteil passieren, außer wenn Ihr Kontrollzwang Sie nötigt, die Zügel (Ihre Nerven!) permanent gespannt zu halten – dann sind Sie wieder in Ihrem alten Muster und alles bleibt so, wie Sie es gewohnt sind! Wollen Sie das?

Misserfolge wegstecken: Bedenken Sie bei einem Misserfolg, dass Ihre Ziele im Grunde das Produkt Ihrer Illusion sind. Sie verfolgen bestimmte Ziele im Leben, weil Sie eine bestimmte Wahrnehmung von Ihrer Welt, Ihrer Existenz und Ihrer möglichen Zukunft haben. Sollten Sie scheitern, stempeln Sie sich nicht zum Versager, sondern wagen Sie generell einen kritischen Blick auf Ihre Beweggründe! Fühlen sich diese nach wie vor gut an – Ärmel hochkrempeln und »auf ein Neues!«.

Erfolge feiern: Statt sich an Misserfolgen zu orientieren, sollten sie lieber Ihre Erfolge zählen. Führen Sie ab und zu Buch über positive Rückmeldungen, Gelungenes, Erreichtes und sprechen Sie ruhig über Ihre Erfolge – Freude ist ansteckend! So gewinnen Sie an Selbstsicherheit. Wählen Sie Ihr Auditorium sorgfältig aus: Positive, wohl wollende und selbstsichere Menschen, die Ihnen weitere Impulse geben! Auch Netzwerke sind häufig eine »gute Gesellschaft« zum Aufbau von Selbstsicherheit.

Der Balancing-Tipp

Stellen Sie Ihre Erfolge nicht in den Schatten und werten Sie Ihre Leistungen nicht durch Sprüche ab wie: »Na ja, Glück gehabt!« oder »Ach, so schwer war das auch nicht!«. Kehren Sie Ihre Erfolge bitte nicht unter den Teppich, sondern handeln Sie frei nach dem Motto »tue Gutes und rede darüber« – aber ohne den Prahlhans herauszukehren (zum Beispiel »Tja Ihr Lieben, das hätte von euch wieder mal keiner auf die Reihe gekriegt!« oder »Das soll mir erst einmal einer nachmachen!«). Genießen Sie die Erfolge und verursachen Sie keinen hausgemachten Stress durch Unersättlichkeit – sie ist der Feind von Zufriedenheit. Die Freunde sind Aufmerksamkeit, Dankbarkeit, Genügsamkeit und Selbstachtung. Belohnen Sie sich einfach selbst für Ihren Erfolg, beispielsweise ein schönes Essen genießen oder ein paar liebe Freunde auf ein Gläschen Sekt einladen.

Kritikgespräche

Wie gerecht müssen Sie sein?

Sie reden sich den Mund fusselig, weisen immer wieder auf bestimmte Dinge hin, die Mitarbeiter nicken eifrig – aber gemacht wird es wieder nicht oder nur unzureichend? Unter Umständen tun sie sich schwer, weil sie die falschen Instrumente benutzen. Viele Führungskräfte setzen zum Beispiel das Instrument des Appells oder des stillen Vorwurfs ein: »Warum muss ich euch denn immer alles dreimal sagen? Denkt doch bitte mit! Seid doch ein bisschen selbstständiger!« Was nützt es einem Mitarbeiter, der offensichtlich keine Verantwortung übernehmen will/kann, wenn Sie ihm immer und immer wieder vorbeten, er möge endlich seinen Pflichten nachkommen? So bleibt bei vielen Vorgesetzten die resignierte Überzeugung haften, dass es wenig Sinn hat, wenn man es mit den Schützlingen »im Guten« versucht.

Sie danken es einem schlecht, denn sie tun das, was man von ihnen erwartet nicht, nicht richtig oder nicht rechtzeitig. Der Grund für dieses vermeintlich undankbare Verhalten ist oftmals schlichtweg Irritation oder Unsicherheit. Der Mitarbeiter lehnt nicht Ihre Ziele und Aufgaben ab – er ist einfach nur unsicher und kann mit dieser Verantwortung nicht umgehen. Die Frage ist also nicht: Peitsche oder nicht? Die Frage ist: Helfen Sie ihm, mit dieser ungewohnten Verantwortung umzugehen? Und: Übernehmen Sie die Verantwortung dafür? Wenn Sie die Peitsche satt haben oder nicht für besonders beziehungsfördernd erachten, sollten Sie souverän bleiben und Ihre Mitarbeiter geduldig aber konsequent zur Verantwortung führen. Gute Führungskräfte tun das!

Schauen Sie nicht auf diejenigen herab, die zu Ihnen aufschauen sollen!

Fragen Sie sich also stets: Habe ich mein Anliegen verständlich und strukturiert an den Mann/die Frau gebracht? Habe ich ein

Feedback eingefordert? Denken Sie daran: Missverständnisse gehören neben Zeitmangel zu den häufigsten Gründen für Unerledigtes beziehungsweise Fehlerhaftes.

Kritikgespräche aus der Sicht von Vorgesetzten

Ausgeglichenheit und innere Ruhe sind Voraussetzungen, um Kritikgespräche zum Wohle aller Beteiligten und souverän angehen zu können. Die Einstellung, dass sich jeder bemüht und nach Anerkennung sucht, eröffnet ganz andere Perspektiven als die Überzeugung, dass die Betreffenden einfach nur dumm und faul sind. Was bringt es, wenn Sie sich Wunschträumen hingeben wie: »Wenn alle so und so wären, dann wäre der Arbeitsalltag ganz einfach!«

Merke: Nur wenn Sie die Realität akzeptieren, können Sie mithelfen, sie in Ihrem Sinne zu verändern!

Jeder hat Probleme, Unzulänglichkeiten und braucht hin und wieder Hilfe – auch Sie selbst. Die folgenden Gedankengänge können Ihnen von großem Nutzen sein:

- Kritikgespräche sind sowohl für den Mitarbeiter als auch für mich selbst eine Chance, etwas zu lernen und sich/mich weiterzuentwickeln, und keine lästige Pflicht.
- Ein positives und realistisches Menschenbild hilft mir sehr viel mehr als ein negatives und unrealistisches.
- Kritikgespräche aus Angst oder Unentschlossenheit auf die lange Bank zu schieben, schadet sowohl mir selbst als auch der Situation und macht das Gespräch letztendlich viel schwieriger, da sich die Fronten bereits verhärtet haben.
- Nähe zu den einzelnen Mitarbeitern und ein gewisses Maß an Vertrautheit bereitet den Boden für offene und effektive Gespräche. Wir alle sind eher bereit, über persönliche Schwierigkeiten zu sprechen und ehrlich zu sein, wenn wir unseren Gesprächspartner kennen und das Gefühl haben, von ihm Aufmerksamkeit, Respekt und Interesse zu bekommen.

- Nötige Distanz zu den Mitarbeitern wahren. Die notwendige emotionale Distanz zu verlieren bedeutet, die Sichtweise des Mitarbeiters so stark zu teilen, dass ich keine Hilfestellung mehr bieten kann. Meine Aufgabe ist es jedoch, die Sichtweise des Mitarbeiters zu hinterfragen und ihn zum aktiven Suchen nach Lösungen anzuregen.

Auf den Punkt gebracht: Was gehört zu einem fairen Kritikgespräch und auf was sollten Sie achten?

Kritikgespräche zum Wohle aller Beteiligten zu führen bedarf einer guten Portion Achtsamkeit und Fairness. Damit es zu wirklich konstruktiver Kritik kommt, Sie stets gerecht bleiben und Ihrem Mitarbeiter nachhaltig geholfen wird, gibt es drei Stufen, die Ihnen die Sache leichter macht. Diese Stufen sind gründliche Vorbereitung, die Gesprächsführung an sich und Ihr professionelles Verhalten nach dem Gespräch.

Die Vorbereitung

Eine gute und detaillierte Vorbereitung sind wir sowohl uns selbst als auch unserem Mitarbeiter gegenüber schuldig! Sich schriftlich vorzubereiten ist sehr viel effizienter, als das Gespräch nur im Kopf ablaufen zu lassen.

Nichts desto trotz sollten Sie die Gesprächssituation visualisieren, im Kopf durchspielen oder vielleicht sogar mit jemandem als Rollenspiel üben. Nutzen Sie am besten die Fragen der Übung auf den nächsten beiden Seiten. Grundsätzlich gilt: Sie sollten die Grundgesetze der Kommunikation beachten. Denken Sie daran: unnötiger Druck erzeugt unnötigen Widerstand!

Konflikte konstruktiv lösen

Was genau ist die Schwierigkeit beziehungsweise das Problem?

Wie habe ich davon erfahren und wo tritt es zu Tage?

Was will ich erreichen? Wie sollte sich der Mitarbeiter verhalten, was soll er tun, was unterlassen?

Wie ist der Mitarbeiter (Naturell, Persönlichkeit)?

Wie steht der Mitarbeiter zu mir?

Was für eine Beziehung habe ich zum Mitarbeiter?

Wie reagiere ich auf ihn? Was löst er in mir aus?

Mit den folgenden Fragen können Sie sich in die Situation des Mitarbeiters hineinversetzen:

Wie fühle ich mich, wenn ich angegriffen werde?

Wie möchte ich behandelt werden?

Was könnte mich dazu bewegen, mein Verhalten zu ändern?

Was geht in mir vor, wenn ich meinem Vorgesetzten gegenübersitze?

Das Gespräch

Beachten Sie, dass ein Kritikgespräch auf keinen Fall zwischen Tür und Angel stattfinden darf! Es ist wichtig, dass Sie sich unter allen Umständen die dafür nötige Zeit nehmen – es ist gut investierte Zeit!

Verhalten: Versuchen Sie, Ihren Mitarbeitern ein echtes Vorbild zu sein. Tun Sie das, so können Sie auch von diesen Entsprechendes erwarten.

- Ruhig, freundlich und sachlich bleiben.
- Sorgfältig und ruhig zuhören (nicht unterbrechen!).
- Nachfragen und Interesse zeigen.
- Die Größe haben, eigene Fehler zuzugeben und sich dafür zu entschuldigen.

Körpersprache: Wir sagen vieles ohne Worte. Wenn die Sprache unseres Körpers und unseres Gesichts (vor allem der Augen) nicht mit der verbalen Aussage übereinstimmt, sind wir weder glaubwürdig, noch authentisch. Wenn wir uns eigentlich gar nicht für den Mitarbeiter interessieren, fühlt er die Kluft zwischen unseren Worten und unserer Einstellung. Das wiederum zerstört Vertrauen, und der Mitarbeiter verschließt sich wie eine Auster.

Beispiel: Ein Mitarbeiter hat einen Fehler gemacht und beichtet. Die Augen des Vorgesetzten verfinstern sich, er ist sichtlich sauer und genervt. Vor lauter Ärger will er seine Ruhe haben, sagt aber noch während er sich abwendet beschwichtigend zum Mitarbeiter »Ja, ja – ist schon gut. Dann sehen Sie bitte zu, dass Sie das wieder hinkriegen!« Der Mund sagt, es sei in Ordnung – die gesamte Körpersprache jedoch verrät, dass es ganz und gar nicht in Ordnung ist. Und nun?

Inhalt: Die folgenden Punkte sollten Sie als Leitfaden benutzen, um feststellen zu können, mit welcher Herangehensweise Sie zu effizienten Ergebnissen kommen.

- Die Schwierigkeit beziehungsweise das Fehlverhalten klar und unmissverständlich beschreiben, wie wir es erleben.
- Dem Mitarbeiter die Möglichkeit geben und ihn dazu auffordern, die eigene Sichtweise darzustellen.
- Aufzeigen der Vorteile, die sich für den Mitarbeiter durch eine Verhaltensänderung ergeben.
- Wege sichtbar machen, wie der Mitarbeiter sein Verhalten ändern kann.
- Selbstvertrauen des Mitarbeiters stärken und Mut zusprechen.
- Gemeinsam klar formulierte Ziele, Pläne, Hilfestellungen ausarbeiten, ebenso die Methode und den Zeitpunkt der Erfolgsüberprüfung festlegen.
- Gespräche so abschließen, dass der Mitarbeiter seine Ziele kennt und mit der Überzeugung den Raum verlässt, als Person geachtet und respektiert zu werden.

Nach dem Gespräch

Zu einem vernünftigen Kritikgespräch gehört immer auch die »Nachsorge«. Wollen Sie Lösungen und Vereinbarungen dauerhaft sichern, dürfen Sie es nicht dabei belassen, sich einmal mit dem Betreffenden auf einen Plausch getroffen zu haben ... und alles Weitere wird sich schon zeigen. Bleiben Sie zurückhaltend – aber am Ball! Das bedeutet:

- Den Mitarbeiter beachten und ihm Aufmerksamkeit schenken.
- Verhalten, Fortschritte aber auch Rückfälle beobachten und Feedback geben. Vor allem positive Veränderungen zur Kenntnis nehmen und anerkennen.
- »Follow-up«-Gespräche organisieren, also Gelegenheiten für den Mitarbeiter schaffen, sich über seine Fortschritte, Schwierigkeiten und Meinungen zu äußern und strukturiertes Feedback zu bekommen.

Der Balancing-Tipp

Wir Menschen merken sehr wohl, ob sich unser Gegenüber für uns interessiert oder nicht. Der Erfolg eines Gespräches hängt entscheidend davon ab, inwieweit Sie es schaffen, dem Mitarbeiter Ihre volle Aufmerksamkeit zu schenken und das sichere Gefühl zu vermitteln, dass Sie ihm Hilfe zur Selbsthilfe anbieten und ihn nicht durch Kritik zerstören wollen. Es ist bekannt und nachgewiesen, dass Lebewesen durch so genannte »positive Verstärkung« wie Aufmerksamkeit, Lob und Zuwendung besser lernen als durch »negative Verstärkung« wie zum Beispiel Tadel und Strafe. Eine solche positive Verstärkung könnte sein, dass Sie kleine Aufmunterungen und Mutmacher frei von der Leber weg äußern beziehungsweise immer mal wieder einfließen lassen.

Werte und Identifikation

An was orientieren Sie sich?

Jeder von uns möchte sich wohl fühlen, erfolgreich im Beruf und glücklich verliebt sein. Jeder ahnt, dass man – egal um welches Thema es gehen mag – hin und wieder kräftig investieren muss, um sein Glück zu schmieden (Zeit, Konzentration, Hingabe). Ist diese Erkenntnis erst einmal durchgedrungen, empfindet man die dazu notwendige Eigenleistung nicht als lästiges Übel oder gar als Überforderung, sondern als gute Gelegenheit, auf sein Leben aktiv Einfluss zu nehmen.

Dem Thema Werte und Eigenverantwortung nähert man sich am besten, wenn man den Mut aufbringt, eine Bestandsaufnahme zuzulassen. Um der eigenen Identifikation näher zu kommen, ist ein Blick in die Vergangenheit unerlässlich, kann doch nur in der Rückschau herausgefiltert werden, was tatsächlich eigene Wertmaßstäbe sind und was durch die Eltern (Erziehung) und das Umfeld geprägt beziehungsweise ausgelöst wurde. Nur so erreicht man wahrhaftige Selbstbestimmung und vermeidet Frust und Identitätskrisen. Die konsequenten Handlungen ergeben sich automatisch, wenn man sich seiner selbst bewusst geworden ist, sich realistisch einzuschätzen vermag und dann ein wenig kreativ und engagiert zu Werke geht.

Es ist bekannt: Jede Reise beginnt mit dem ersten Schritt!

Merke: Introspektion ist die Vorbedingung, wenn man sich sein eigenes Leben auf den Leib schneidern möchte. Um nach Maß zu arbeiten, muss man sich erst einmal über die Proportionen im Klaren sein – das weiß jeder Haute Couturier.

Blicken Sie mutig in den Spiegel beziehungsweise in Ihr Inneres und warten Sie nicht länger, dass Ihnen das Schicksal einen Königsweg pflastert, Sie an einen wohl wollenden Mäzen geraten oder Ihr Partner Sie schon irgendwie ertragen wird.

Beginnen Sie jetzt! Sie können sich nicht verjüngen und die Kraft zurückholen, die Sie unter Umständen brauchen, um sich erst einmal aus den Fesseln alter Strukturen und überlieferter Modelle (Eltern, Familie, gesellschaftliches Umfeld) zu lösen. Es genügt nicht zu denken, dass man später vieles anders machen würde, wenn man es erst einmal geschafft und die Zeit dazu hat.

Nicht die Worte zählen, sondern die Taten. Das Tun entscheidet!

Merke: Vertagungstaktiken sind zwar bequem, halten Sie aber weiterhin von Ihrem persönlichen Glück ab. Begeben Sie sich daher auf die Reise zu sich selbst und arbeiten Sie diese Erkenntnisse in Ihre beruflichen Anforderungen mit ein. Je früher Sie beginnen, desto besser.

Wie so oft im Leben, ist nicht das Wissen das Problem, sondern die Anwendung. Gelebte Ideale und Tugenden stehen in der heutigen Zeit weitgehend im Gegensatz zur Lebenswirklichkeit der modernen Industriegesellschaften. Sanftmut beispielsweise – bei den alten Griechen ein Ausdruck für Zivilisation und als Gegensatz zur Barbarei definiert – wird in unserer Ellenbogengesellschaft als Passivität abgetan, ebenso wie Vorsicht als Feigheit abgewertet wird. Für den gnadenlosen Wettbewerb in einer globalisierten Wirtschaft scheinen altehrwürdige Tugenden (es gibt schließlich noch mehr Weisheiten als die der Eltern!) keine Bedeutung mehr zu haben. Die Lehren und Weisheiten der Vergangenheit sind out, es lebe der Fortschritt. Gleichzeitig fühlen sich immer mehr Menschen entwurzelt und ohne direkte Identifikation ins Leben geworfen. Das führt zu Orientierungslosigkeit und Gefühlen von Ratlosigkeit, Hilflosigkeit und Manipulierbarkeit.

Was sind Werte und Tugenden?

Schon Platon hat uns ein paar Kardinal- oder Primärtugenden mit auf den Weg gegeben – sei klug, sei gerecht, sei mutig (Zivilcourage) und halte das richtige Maß –, die wir tunlichst nicht nur von anderen einfordern, sondern selbst zu leben bereit sein sollten. Darüber hinaus gibt es eine Reihe an Säulen, die uns und anderen im Leben Halt, Stabilität und Ordnung geben, dies sind unter anderem: Fleiß, Pünktlichkeit, Achtsamkeit, Verschwiegenheit, Zivilcourage, Treue, Sauberkeit, Fähigkeit und Bereitschaft zu notwendigem Konflikt, Fähigkeit und Bereitschaft zu verantwortlichem Ungehorsam, Aufrichtigkeit, Mitgefühl, Großzügigkeit, Vertrauen, Glaube, Liebe, Hoffnung, Höflichkeit, Mäßigung, Anpassungsfähigkeit, Mut, Ehre.

Es sind nicht die neuen Werte, die wir dringend benötigen, oder gar ein Wertewandel – vielmehr sollte eine Rückbesinnung auf einige der guten, alten Werte und Tugenden stattfinden.

Merke: An dieser Stelle möchte ich mich an die Maxime des bereits Anfang des 20. Jahrhunderts gegründeten Rotary-Clubs anlehnen. Dessen Ziele sind: Wertekoordinaten, die eine Atmosphäre des Vertrauens und des Goodwill, Fairness und Kooperation, Anständigkeit und Humanität im Geschäfts- und Privatleben fördern!

Für Sie als Führungskraft sollten bei jeder Entscheidung oder Meinungsbildung folgende Fragestellungen mit »ja« beantwortet sein:

- Ist es wahr?
- Ist es fair für alle Beteiligten?
- Wird es Freundschaft und Goodwill fördern?
- Wird es dem Wohl aller Beteiligten dienen?

Merke: Tugenden und Werte leben von der angewandten Wiederholung, denn nur dadurch werden diese voll in das Leben integriert und verankern sich in unserem Selbst. Sich lediglich »hin und wieder« auf Werte zu berufen (beziehungsweise dann, wenn es einem selbst an den Kragen geht) reicht sicher nicht!

Auf den Punkt gebracht: Werte, Wahrnehmung und Identifikation – wie werden Sie sich dessen bewusst?

Dies ist die grundlegendste aller Fragen, die Sie sich stellen sollten. Kapitän auf dem Boot zu sein ist sicher ein tolles Gefühl. Ganz oben auf der Brücke stehen und die Mannschaft in den sicheren Hafen bringen ebenso. Stellen Sie sich jetzt aber einmal vor, Sie stünden allein und unbeobachtet auf der Brücke ... wohin würden Sie tatsächlich fahren wollen?

Welche Wertmaßstäbe für ein lebensbejahendes Dasein von Bedeutung sind, ist nachfolgend in Kürze aufgeführt. Prüfen Sie selbstkritisch, ob diese Wertekoordinaten bei Ihnen eine Rolle spielen oder eher Nebensache sind.

Integrität: Erfolgreiche Menschen sind integer und haben unerschütterliche Wertekoordinaten, wie Zuverlässigkeit, Aufrichtigkeit, Glaubwürdigkeit, Gerechtigkeit, Unbestechlichkeit, und vieles mehr.

Hinweis: Diese Werte ordnen das Handeln und Verhalten und machen Sie (nicht nur) im Geschäftsleben berechenbar und verlässlich. Zudem ist dies auch für Sie selbst der Anker in stürmischer See, und so sind Sie in der Lage, sich sicher in den nächsten Hafen zu navigieren. Maxime: Das Herz entscheidet, der Verstand handelt.

Charakterstärke: Wer Menschen führen will, muss Ihnen Werte geben und vorleben, an denen diese sich orientieren können. Dazu gehören beispielsweise Pflichtbewusstsein, Mut, Selbstkritik, Vertrauen, Fairness, Gegenseitigkeit.

Hinweis: Bleiben Sie klar und eindeutig – und messen Sie nicht mit zweierlei Maß. Was für andere zu gelten hat, muss auch für Sie selbst gelten. Taktieren Sie niemals doppelbödig! Bestehen Sie bei sich und Ihrem Team auf ein paar globale Wertekoordinaten, gepaart mit gewinnorientiertem, unternehmerischem Verhalten.

Menschenliebe: Wer diese nicht in sich trägt (zum Beispiel Güte, Humor, Verständnis für das Verhalten des anderen), wird nicht dauerhaft erfolgreich sein! Man kommt nie ganz allein nach oben, es gibt immer Menschen, die einen dabei unterstützt haben oder dies immer noch tun.

Hinweis: Wer Menschen nicht liebt, instrumentalisiert und manipuliert sie, was früher oder später zu Widerständen führt und damit den Erfolg blockiert.

Gedanken – Segen und Fluch zugleich

Lernen Sie, den inneren Meckerer beziehungsweise den Skeptiker in Ihnen zu enttarnen, und fragen Sie sich stets aufs Neue, ob Sie wohl eher die Probleme oder eher die Chancen einer Angelegenheit sehen.

Sich selbst vertrauen: Wer sich stets auf negative Ereignisse oder Vorahnungen konzentriert, schützt sich dadurch nicht, sondern konditioniert sich negativ. Neid, Missgunst und erstarrte Schutzhaltungen ersticken jedes Erfolgsgefühl im Keim und lähmen die notwendige Power und Selbstsicherheit.

Hinweis: Wer erfolgreich sein will, braucht klare und positive Gedankenmuster – also mentale Präzision. Es gilt auch hier: Gewonnen wird im Kopf!

Gedankenlawinen vermeiden: Sinnloses rauf- und runtergrübeln, insbesondere am Abend oder nachts, hat noch kein Problem selbsttätig gelöst. Machen Sie sich lieber eine konkrete To-do-Liste, auf der Sie kurz notieren, was Sie am nächsten Tag erledigen müssen oder wollen (beispielsweise Termine, Gesprächsargumente und vieles mehr). Die Liste in den Aktenkoffer legen und dann bitte endlich entspannen.

Hinweis: Stellen Sie sich beim »Hamsterrad-Grübeln« ein riesiges Stopp-Schild vor. Ähnlich wie beim Schäfchenzählen braucht Ihr Kopf ein ablenkendes Bild, um negative Gedanken zu durchtrennen.

Gefühlswelt – Ordnung ist das halbe Leben

Spüren Sie sich noch? Nehmen Sie die zahlreichen Botschaften des Unterbewusstseins tatsächlich wahr?

Gefühle ernst nehmen: Und zwar auch die Unangenehmen! Abgespaltene Gefühle bedeuten abgeschnittene Kraftquellen, denn diese manifestieren sich alsbald in diffusen Krankheitsbildern, wie Kopf- und Rückenschmerzen oder Herzbeschwerden und dergleichen. Übernehmen Sie Verantwortung für Ihr Fühlen und stehen Sie zu sich.

Hinweis: Fragen Sie sich selbst: Was steckt dahinter? Was überfordert mich konkret: Ohnmacht? Wut? Oder sogar Angst? Erfolgreiche Menschen verfügen über eine außerordentlich gute Selbstwahrnehmung und verfolgen auf das Genaueste, was in Ihnen vorgeht. Von wegen: Augen zu und durch!

Der Balancing-Tipp

Lernen Sie zu filtern, was tatsächlich zu Ihrem Naturell gehört und was Ihnen von Gesellschaft oder Elternhaus quasi aufgedrückt wurde. Besprechen Sie dieses Thema einmal bei einem Glas Wein mit Ihrem besten Freund oder Ihrer besten Freundin mit der Bitte, offen und ehrlich das Fremdbild (wie wirken Sie auf andere?) preiszugeben. Bei Ihrer »Eigenrecherche« sind auch andere hilfreiche Hände, zum Beispiel von Therapeuten oder Familienaufstellern, sehr nützlich.

Balanced Specials

Rabeneltern

Wie bringen Sie Beruf und Privatleben in Einklang?

In diesem Kapitel geht es um berufstätige Eltern und dem täglichen Dilemma, Beruf und Familie zum Wohle Aller unter einen Hut zu bringen. Mehrfachbelastungen fördern häufig Schuldgefühle, müssen doch oft genug die Kinder und der Partner hintenanstehen. Das frustriert nicht nur den Nachwuchs, sondern auch die Eltern und Ehepaare selbst. Es gibt jedoch Wege, den Berufsalltag so zu gestalten, dass dieses »duale System« weitgehend harmonisch und erfüllend funktioniert und man sich weniger von seinen Aufgaben überfordert fühlt.

Berufliches und privates, familiäres Leben besser miteinander in Einklang zu bringen, ist heute viel mehr als nur Wunschdenken. Die Notwendigkeit innerer Balance haben nicht nur die Arbeitnehmer selbst, sondern auch viele Entscheider entdeckt und akzeptiert, sodass wir in unseren Breitengraden gut und gerne von einem existenziellen Recht auf Wohlbefinden (= Leistungskraft!) sprechen dürfen.

Die Vorteile liegen für beide Seiten auf der Hand: Die Mitarbeiter gewinnen durch die größere Harmonie zwischen Berufs- und Privatinteressen deutlich an Lebensqualität.

Vorteile kennen und gezielt nutzen

Sie sind zufriedener, einsatzbereiter und im Berufsalltag produktiver. In gleichem Maße wächst ihre Identifikation und Verbundenheit mit dem Unternehmen oder der Organisation, für die sie tätig sind. Die Erkenntnis, dass Beschäftigte und Betriebe gleichermaßen von Maßnahmen wie Jahresarbeitszeitkonten, flexible Wochenarbeitszeit oder Telearbeit und Teilzeitarbeit in Teams profitieren, muss sich allerdings noch stärker durchsetzen. Für viele Betroffene ist das ein Kampf gegen Windmühlen, müssen sie ungeachtet jeglicher äußerer Umstände mit der Doppelbelastung Beruf und Familie klarkommen. Sie werden besser mit der Ihnen zur Verfügung stehenden Zeit auskommen, wenn Sie diese ganz gezielt und bewusst einsetzen – im Beruf, wie auch im Privatleben! Ein Kraftakt, der seine Energie nun wirklich nicht aus Schuldgefühlen beziehen sollte. Kommen Sie deshalb erst mit sich selbst ins Reine und prüfen Sie aufrichtig den Status quo Ihrer persönlichen Situation.

Was sind die zu klärenden Punkte für ein harmonisches Miteinander von Beruf und Privatleben?

Beantworten Sie in aller Ruhe die Fragen in der Übung auf der nächsten Seite für sich selbst und tauschen Sie sich anschließend ruhig darüber mit Gleichgesinnten und Freunden aus.

Wie spüren Sie überhaupt, dass Ihnen die Dinge aus dem Ruder laufen?

Es gibt drei Ebenen, auf denen sich Unmut und Überforderung auch dann breit machen, während Sie selbst immer noch versuchen, den angestauten Stress zu überspielen oder zu verdrängen.

Emotionale Überforderungsreaktionen: Bei Dauerstress entstehen unterschiedliche Zustände mit Gefühlen, die letztlich dem Grundmuster Aggression (bei Angriffstendenz), Angst (bei Fluchttendenz) oder Hilflosigkeit entsprechen. Im Einzelnen finden sich, abhängig vom jeweiligen Naturell, Symptome wie Aggressionsbereitschaft, Angstgefühle, Unsicherheit, Unzufriedenheit, Unausgeglichenheit, Gefühlsschwankungen, Nervosität, Depressionen, Apathie (Teilnahmslosigkeit), Hypochondrie (eingebildete Krankheiten).

Kognitive Überforderungsreaktionen: Dauerstress führt zur Einengung von Wahrnehmung und Informationsaufnahme (Scheuklappeneffekt). Auch Lern- und Gedächtnisleistungen nehmen messbar ab. Dieser Zustand führt zu Konzentrationsstörungen, Tagträumen, Gedächtnisstörungen, Leistungsstörungen, Rigidität, Realitätsflucht, Wahrnehmungsverschiebungen und Albträumen.

Lebensgewichtung prüfen

Wo liegt für mich der Sinn von Arbeit und Beruf?

Welche Lebensziele verfolge ich?

Wie wichtig ist mir Freizeit und Familie?

Wie viel Energie und Zeit stelle ich Beruf und Arbeit zur Verfügung?

Ist ein zeitweiliger Ausstieg aus dem Beruf denkbar und der Wiedereinstieg machbar? Ja ☐ Nein ☐

Ist in meinem Beruf Teilzeitarbeit möglich? Ja ☐ Nein ☐

Wie verbinde ich meine Karrierewünsche mit meinen Familienplänen?

Vegetativ-hormonelle Überforderungsreaktionen: Es erfolgt eine Erhöhung der Reaktionsbereitschaft in Richtung Erregung mit möglichen Folgereaktionen und psychosomatischen Beschwerden wie Herz-Kreislauf-Beschwerden, Herzrasen, Herzstolpern, hoher (labiler) Blutdruck, Erhöhung des Infarktrisikos, Gastritis, Darm- und Magengeschwüre, Verdauungsbeschwerden, Schlafstörungen, chronische Müdigkeit, Anfälligkeit für Infektionen, Zyklusstörungen bei der Frau, Verminderung der Samenproduktion beim Mann, sexuelle Funktionsstörungen (zum Beispiel vorzeitiger Samenerguss), Hautveränderungen, übermäßiges Schwitzen, Schwindelanfälle, Atembeschwerden und Migräne.

Auf den Punkt gebracht: Wie legen Sie die Prioritäten des Lebens fest?

Gerade bei Familien stellt sich für den »Versorger« immer wieder die Frage, wie man berufliches und privates Glück optimal miteinander verbinden kann, ohne den Nachwuchs zu vernachlässigen beziehungsweise die Nähe zu den eigenen Kindern zu verlieren. Frage: Was ist für Ihren Familienverbund wirklich wichtig und wie können Sie Überforderung und Entfremdung entgegenwirken?

Arbeitszeitreduzierung, Telearbeit oder Teilzeitangebote können Sie zwar mit Ihrem Arbeitgeber verhandeln – doch wie konkret investieren Sie die freie Zeit im Sinne Ihrer Familie? Welche Merkmale in jedem Falle und unabhängig von Ihrer Arbeitszeit für den Familienzusammenhalt wesentlich sind (deswegen haben Sie ja schließlich eine gegründet!), können Sie den nachfolgenden Stichworten entnehmen. So können Sie schnell herausfiltern, welchen Grad der Entfremdung Sie unter Umständen bereits erreicht haben.

Am besten ist immer: Der Realität ins Auge sehen

Geborgenheit: Fehlende Geborgenheit führt zur Unzufriedenheit. Unzufriedenheit wiederum macht das Leben unruhig und unstetig. Das Fehlen von Geborgenheit zeigt sich auch darin, dass das Familienleben sich weithin auf Wohnen, Essen und Fernsehen reduziert.

Sozialpsychologen sprechen inzwischen von Familien als Möbelgemeinschaft, Boxenstopp und Fast-Food-Beziehung.

Kommunikation: Der Alltag der Kinder ist heute oft nicht mehr kindgerecht. Fehlende Spielmöglichkeiten führen zu mangelnder motorischer Entwicklung. Fernsehen, Gameboy und Computer haben negative Auswirkungen auf die Sprachentwicklung, weil die Kinder kaum noch kommunizieren, stattdessen aktiv schweigen. Ein Viertel aller Kinder von dreieinhalb bis vier Jahren ist in ihrer Sprachentwicklung zurückgeblieben, bilanziert Manfred Heinemann, Direktor der Klinik für Kommunikationsstörungen an der Universität Mainz. Ende der 70er-Jahre waren es nur vier Prozent.

Werte und Vorbilder: In unserer pluralistischen Gesellschaft wären einheitliche Wertekoordinaten das Optimum, doch was dem einen heilig ist, ist dem anderen unzumutbar. Hier klaffen besonders stark Anspruch und Wirklichkeit auseinander. Der Anspruch lautet: Der Mensch sollte beispielsweise ehrlich, verantwortungsbewusst, treu und verlässlich sein, aber die Wirklichkeit sieht häufig anders aus. So lange man nicht erwischt wird, darf man lügen, betrügen, untreu sein, unverantwortlich handeln. Ihr Kind braucht aber einen Leuchtturm, auf dessen Signale es sich verlassen kann (s. S. 99)!

Identität: Damit sprechen wir den kritischsten Punkt des modernen Lebens an: Die Identitätskrise. Identitätskrise bedeutet, dass der Mensch sich seiner selbst nicht mehr sicher ist. Damit kann auch die Vater- und Mutterrolle in Frage gestellt sein. Viele Frauen können sich nicht mehr mit der Mutterrolle identifizieren, und noch mehr Männer nicht mehr mit ihrer Vaterrolle.

Merke: Der Verlust an Mütterlichkeit beziehungsweise Väterlichkeit führt zu einer veränderten, unter Umständen sogar zu einer distanzierten oder problematischen Eltern-Kind-Beziehung!

Tradition: Tradition hat durchaus auch eine positive Seite. Der Mensch braucht, um sein Leben gestalten zu können, bestimmte Vorgaben, an denen er sich orientieren kann.

Das kann bedeuten: gemeinsames feiern (Weihnachten, Geburtstage) oder musizieren, gemeinsame Urlaube oder Vereinsaktivitäten, regelmäßige Besuche bei Verwandten, Vater und Kinder sind aktiv in die Hausarbeit mit einbezogen, für gute Zeugnisse und Prüfungen winkt stets eine Belohnung.

Bindung: Ihr Kind braucht, um eine gesunde Persönlichkeitsstruktur zu entwickeln, eine feste Ordnung und feste Beziehungspersonen (Liebe). Die Beziehung füllt die Ordnung mit Leben. Fehlt die gelebte Beziehung, hat es negative Auswirkungen für das Kind. Das Kind braucht Ordnung (Regeln) und Beziehung, um Vertrauen aufzubauen und dadurch die Fähigkeit zu entwickeln, sich emotional zu binden.

Autorität: Viele Eltern leiden unter Autoritätsproblemen. Der Umgang mit Autorität ist aber zentrales Thema des Familienlebens (wie auch des Berufslebens!). Manche Eltern lösen die Autoritätsfrage durch Willkür und sorgen so für Verwirrung und ein ständiges Wechselbad der Gefühle. Mal drohen sie, dann lassen sie wieder alles durchgehen, mal strafen sie, dann sind sie wieder großzügig – frei nach dem Motto: »Alles in allem wird es sich schon ausgehen!«. Auch hier entwickelt sich kein vertrauensvolles Verhältnis zwischen Eltern und Kind. Wägen Sie ab, was für Sie und Ihr Kind wirklich wichtig ist beziehungsweise was nicht und setzen Sie Ihre Erkenntnisse konsequent um.

> **Merke:** Familie bedeutet Lebensraum schaffen, ein Zuhause geben, Beziehungen aufbauen und pflegen, Werte und Geborgenheit vermitteln und das Leben einüben.

Nicht alles ist Stress und Belastung. Erfreuen Sie sich an Ihrem Sprössling – er ist der Spiegel Ihrer Seele! Schleichen Sie sich nicht aus der Verantwortung, sondern werden Sie sich klar darüber, wie viel Sie jeweils in die einzelnen Lebensbereiche investieren wollen beziehungsweise wie Sie sich diese Bereiche am sinnvollsten mit Ihrem Partner teilen können. Auch hier sollte es möglichst klare Absprachen geben, wer für was verantwortlich ist. Zudem vermitteln

Sie dadurch Ihrem Kind, dass die Erziehung gemeinsam und einvernehmlich geregelt wird und kein Platz bleibt, die Elternteile gegeneinander auszuspielen. Nur so können Sie der inneren Balance einen riesigen Schritt näher kommen sowie Familienchaos und Schuldgefühlen entgegenwirken.

Der Balancing-Tipp

Das Wochenende sollte in besonderer Weise dem Familienleben gewidmet sein. Vieles, was im Laufe der Woche nicht möglich ist, kann jetzt gepflegt werden. Auch wenn Sie es nicht für möglich halten: Das entspannt Sie mehr, als sich stundenlang vor den Fernseher zu setzen. Sie können Ihre Zeit mit dem Partner beziehungsweise der Familie auf vielfältige Weise genießen.

- Zeit zum gemeinsamen Essen: Es zählt zu den wichtigsten Ereignissen innerhalb der Familien!
- Zeit, um miteinander die Freizeit zu genießen: Der Alltag ist oft von Stress und Hektik gekennzeichnet. So bietet sich das Wochenende geradezu an, dass Eltern sich bewusst mehr Zeit für die Kinder nehmen und in gemeinsamen Unternehmungen die Freizeit gestalten und genießen. Für die Kinder ergibt sich zudem ein besonderes Erlebnis von bleibender Bedeutung.
- Zeit, um miteinander zu spielen: Hier ist besonders der Vater gefragt. Das »Miteinander-spielen« ist für die Wertevermittlung extrem wichtig. Gelernt werden können so beispielsweise Fairness, Regeln einhalten, verlieren können.
- Zeit, um miteinander zu arbeiten: Diese Zeiten sind knapp geworden und doch ist es wichtig, dass solche Zeiten gesucht und gemeinsam erlebt werden. Zum Leben gehört auch, dass man Pflichten hat und diese auch verantwortlich wahrnimmt (zum Beispiel aufräumen, Gartenarbeit, kleinere Renovierungsarbeiten).
- Zeit, um miteinander zu feiern: Kinder lieben Feste! Eltern sollten ganz bewusst mit den Kindern feiern. Damit signalisieren Sie, dass Freude und Heiterkeit einen wichtigen Platz im Leben einnehmen und ebenso selbstverständlich zu einem gesunden Miteinander gehören, wie lästige Verpflichtungen.

Arbeitsplatzgestaltung

Wie können Sie Ihr Büro »auf positiv« trimmen und damit für mehr Wohlbefinden sorgen?

Rund die Hälfte des täglichen Wachzustandes verbringen die meisten von uns üblicherweise im Büro. Wir schauen an Wände, Decken und durchs Fenster, wir sitzen auf Stühlen, gehen durch Flure, Essen und Trinken im Büro und ziehen uns nebenbei während unserer Arbeitszeit noch mancherlei Klatsch und Tratsch rein. Das wäre eigentlich schon privat genug – würden wir nicht stundenlang eingekesselt von Unmengen an Elektronik wie Bildschirmen, Rechnern, Drucker, Kopierer und Telefone unser Dasein fristen. Wie soll man an hektischen Tagen zu innerer Stabilität finden, wenn es um einen herum permanent surrt, schnarrt und klingelt und wir währenddessen auf weiß getünchte »Krankenhauswände« starren? Oft sind Räume derart ungünstig eingerichtet beziehungsweise die vorhandenen Mittel nicht optimal ausgeschöpft, sodass wir uns schon beim Betreten der »heiligen Hallen« unwohl fühlen, ja selbst unser eigenes Büro unsympathisch auf uns wirkt. Was tun, wenn die sterile Einrichtung und Gestaltung der Büroräume ermüdet statt zu motivieren?

Auf den Punkt gebracht: Wie erreichen Sie eine optimale Arbeitsplatzgestaltung?

Mit einigen wenigen Handgriffen und Veränderungen können Sie eine triste Arbeitsparzelle in eine angenehme, kreative Workstation umwandeln, die Ihren individuellen, ergonomischen Bedürfnissen gerecht wird.

Gesund bleibt nur, wer an seinem Arbeitsplatz die richtigen »ergonomischen« Bedingungen hat. Wer viel oder ausschließlich am Computer sitzt, sollte das tunlichst berücksichtigen. Denn was auf den ersten Blick wie ein »bequemer Job« aussieht, bedeutet für den

Körper eine enorme Beanspruchung. In sitzender Haltung werden immer wieder die gleichen Bewegungsabläufe ausgeführt und die Augen sind fast ausschließlich auf Monitor und Tastatur gerichtet. Bewegungsausgleich ist gut, aber nicht ausreichend (s. S. 141f. »Energietankstellen«). Stimmen die Bedingungen nicht, wird der Körper ständig falsch belastet. Er reagiert mit Warnsignalen wie Rücken- oder Kopfschmerzen bis hin zu Sehstörungen. Hier ein paar Tipps zu Ergonomie und Wohlbefinden am Arbeitsplatz.

Mehr Wohlbefinden mit richtiger Arbeitsplatzgestaltung

Merke: Ergonomie ist die Wissenschaft von der menschlichen Arbeit (griech.: ergon = Arbeit/Werk und nomos = Gesetz/Regel). Gemeint sind Arbeitsbedingungen, die die menschliche Anatomie berücksichtigen – nicht nur im Allgemeinen, sondern individuell angepasst.

Optimale Lichtverhältnisse: Wer am PC arbeitet braucht eine Beleuchtung, die die Augen nicht überbeansprucht. Die Kombination von indirekter, gleichmäßiger Raumausleuchtung und individueller Arbeitsplatzleuchten ist ideal. Tageslicht muss durch Jalousien regulierbar sein, um Blendungen zu vermeiden. Zu starke Kontraste im Blickfeld sind für die Augen eine zusätzliche Belastung (siehe dazu §§ 5, 6 und 7 BildscharbV). Nicht nur die Augen leiden unter schlechten Beleuchtungsverhältnissen, häufig kommt es auch zu Beschwerden im Schulter- und Nackenbereich, denn man versucht instinktiv, störenden Reflexionen auszuweichen und verkrampft sich dabei. Darum gilt: Der geeignete Bildschirmstandort ist parallel zum Fenster, mit seitlichem Tageslichteinfall.

Dynamisches Sitzen: Laut Anhang der Bildschirmarbeitsverordnung (BildscharbV) müssen Stuhl und Schreibtisch ergonomisch gestaltet sein. Ihr Stuhl sollte flexibel sein, mit stufenlos verstellbarer Sitzhöhe und Rückenlehne, um sich Ihren Bedürfnissen anzupassen und gleichzeitig den Körper zu stützen. Sitzen Sie dynamisch und wechseln Sie zwischendurch die Haltung oder die Sitzmöglichkeit, das entlastet die Wirbelsäule und Rückenmuskulatur. Eine falsche Sitzhaltung kann zu Muskel- und Skeletterkrankungen führen.

Leicht nach vorne geneigt zu sitzen scheint zwar bequem, ist aber Gift für die Wirbelsäule. Aufrechtes Sitzen entlastet sie dagegen, beansprucht allerdings die Rückenmuskulatur stärker. Nutzen Sie Situationen, in denen Sie aufstehen können, um ihre Haltung zu verändern.

Merke: Vor allem beim Telefonieren ist aufstehen und umhergehen (Mobiltelefone, Freisprechanlage) förderlich, da sich die Dynamik der Bewegung auch auf Ihre Stimme überträgt.

Schreibtisch als flexible Arbeitsfläche: Der Schreibtisch muss nicht nur ausreichend Platz bieten, sondern sollte auch höhenverstellbar sein. Hier einige Empfehlungen der Büromöbelindustrie: Die Tischtiefe sollte einen Mindestabstand von 50 Zentimetern zwischen Augen und Bildschirm ermöglichen. Nicht verstellbare Tische müssen mindestens 73 Zentimeter hoch sein, bei verstellbaren sind 68–76 Zentimeter sinnvoll. Die Höhe ist richtig, wenn die Unterarme flach aufliegen und die Schultern nicht hochgezogen werden (rechter Winkel). Für kleinere Menschen bietet es sich an, die Füße mit eigens auf dem Markt angebotenen Fußerhöhungen beziehungsweise Trittbrettern auf eine optimale Höhe zu bringen.

Merke: Der Winkel von Oberschenkel zu Wade sollte 90 Grad betragen. Die Unterarme müssen bei aufrechter Sitzposition und entspannter Schulterhaltung eine waagerechte Linie zur Tastatur bilden. Die Maus sollten Sie mit aufgelegtem Unterarm bedienen.

Monitor richtig im Blick: Die oberste Zeichenzeile liegt unterhalb Ihrer Augenhöhe? Dann steht Ihr Monitor richtig! So müssen Sie Ihren Kopf nicht zu weit nach hinten strecken, sacken aber auch nicht vor dem Bildschirm zusammen. Nacken, Schultern und Rücken werden entlastet.

Merke: Je größer der Monitor, desto größer der Sitzabstand, in den meisten Fällen 50–70 Zentimeter. Die Bildschirmanzeige muss gut lesbar sein und darf nicht flimmern (beste Bildwiederholfrequenz Ihrer Grafikkarte: 100 Hz).

Individuelle Optik: Gönnen Sie sich ein paar private Details, wie ein paar schöne Bilderrahmen oder Urlaubsfotos, eine üppige Zimmerpflanze oder ein Erinnerungsstück längst vergangener Abenteuer. Bei Stresssituationen immer einmal einen Blick darauf werfen und locker durchatmen – Sie werden sehen, wie schnell Sie wieder zu sich selbst finden. Achten Sie möglichst darauf, dass Sie seitlich einen freien Blick aus dem Fenster haben – das hilft bei kreativer Konzentration, aber auch, wenn Sie Momente des »sich bedrängt fühlen« erleben.

Feng Shui: Feng Shui (chin. = Wind und Wasser) ist die Jahrtausende alte chinesische Kunst, Gesundheit, Wohlstand und Glück mit einfachen Hilfsmitteln aktiv zu verbessern. Es beinhaltet unter anderem die Konzepte des Ying und Yang, der Leere und des »Qi« (Vitalkraft; Lebensenergie). Ziel ist es, die Ströme und Felder der natürlichen Energie »Qi« in die günstigste Richtung zu lenken. Dies gilt für den privaten, wie auch für den beruflichen Bereich, was heute selbst von Design- und Tiefenpsychologen eingeräumt wird.

Am Arbeitsplatz: Sorgen Sie dafür, dass Sie mit dem Gesicht seitlich zur Eingangstüre sitzen – Sie sollten eine Person sofort sehen können, wenn diese den Raum betritt. Ungünstig ist es, in direkter Linie gegenüber der Tür oder mit dem Rücken zur Tür zu sitzen. Der Tisch sollte am besten diagonal zur Eingangstüre stehen und in der hintersten Ecke des Raumes platziert sein – je weiter hinten man im Zimmer sitzt, umso besser ist die Orientierung für Sie und die den Raum betretende Person.

Vermeiden Sie es, direkt an einer quadratischen Säule zu sitzen. Ist dies nicht möglich, lassen Sie die Säule durch eine größere Zimmerpflanze optisch verschwinden. Sitzen Sie nicht unter freiliegenden Balken oder anderen Verzierungen an der Zimmerdecke – stellen Sie Ihren Tisch oder Stuhl lieber um. Vermeiden Sie zudem harte Kanten (Regale, Aktenschränke, Tische), an denen Sie beim Vorbeigehen stoßen könnten, und offene Regale (laut Feng Shui = tödlicher Atem). Sorgen Sie für Ordnung – zu viel Unordnung im Büro erschwert den Überblick und verbreitet Disharmonie.

Der Balancing-Tipp

Sprechen Sie doch einfach einmal mit Ihrem Vorgesetzten, was in punkto Arbeitsplatzgestaltung möglich und gestattet ist, und kümmern Sie sich aktiv um eine angenehme Atmosphäre an Ihrem Arbeitsplatz. Es ist extrem wichtig für Ihre Konzentration und Kreativität, den Arbeitsraum so wohl tuend wie möglich zu gestalten. Unterschätzen Sie nicht die Wirkung von Farben, angenehmen Gerüchen, frischen Blumen und schönen Bildern in Ihrem Büro. Was zu Hause so wertvoll ist, kann im Büro nicht falsch sein, denn auch hier müssen Sie immer wieder für Momente sorgen, in denen Sie sich entspannen und neue Energie tanken können.

- Richten Sie Ihren Arbeitsraum so ein, dass Ihr Blick immer wieder auf etwas Schönes und Erbauliches fallen kann.
- Machen Sie sich Ihre Stresszeiten stets so angenehm wie möglich! Lassen Sie im Hintergrund leise Entspannungsmusik laufen – dabei können Sie gut arbeiten und trotzdem ein wenig Ruhe finden.
- Machen Sie zwischendurch immer wieder einmal ein paar Bewegungs- oder Dehnübungen (s. S. 141f., »Energietankstellen«).

Intrigen: Im Auge des Orkans

Sie sind gefangen in Intrigen – was können Sie tun?

Immer wieder nisten sich selbst in den redlichsten Unternehmen Nestbeschmutzer, Speichellecker und Querulanten ein. Die beste Crew ist allerdings nur dann erfolgreich, wenn es auch im täglichen Miteinander fair und respektvoll zugeht. Denn Mobbing und Intrigen können nur dort entstehen, wo personelle oder fachliche Probleme über einen längeren Zeitraum nicht gelöst werden. Das Grundproblem wird dann meist nicht angegangen, als Ventilfunktion wird ein Sündenbock auserkoren und attackiert.

Der eine verdient sich seine Erfolge; der andere versucht sie mit unlauteren Mitteln zu bekommen, indem er andere in den Dreck zieht oder geschickt Rufmord betreibt. Solche Menschen haben einen schwachen Charakter (Neid, Missgunst und Rechthaberei gehen damit einher) und sind für das Betriebsklima gefährlich. Besonders deswegen, da man sie auf den ersten Blick als selbstbewusst oder gar als kompetent empfinden könnte – ja, sich mancher Chef sogar unbewusst von dem Querulanten »gut informiert« fühlt.

Merke: Die Motive für diesen »unlauteren Wettbewerb« sind vielschichtig und können sich hinter dem nettesten Lächeln verbergen. Seien Sie wachsam, hören Sie genau hin und vertrauen Sie Ihrem gesunden Menschenverstand – damit Sie nicht morgen selbst Opfer solch zerstörerischer Agitationen werden.

Umgang mit Schleimern

Schleimer sind stets auf ihren eigenen Vorteil bedacht und gehören häufig zu den »Ja«-Sagern. Sie beachten meist nur Menschen, die ihnen Vorteile bringen (Chef, Chefsekretärin und ähnliche Positionen)! Am besten gehen Sie mit dieser Spezies folgendermaßen um:

- Als Kollege sollten Sie von vornherein klarstellen, dass schleimiges Verhalten bei Ihnen auf wenig Gegenliebe stößt. Vertrauen Sie Ihrem Instinkt und lassen Sie sich dabei nicht von brüskierten Zurückweisungen irritieren – wer gibt schon zu, dass er ein Speichellecker ist.
- Entwickeln Sie keine Hassgefühle, sondern ignorieren Sie den Schleimer zukünftig.
- Als Vorgesetzter sollten Sie einem Schleimer klipp und klar deutlich machen, dass Sie sein Spiel durchschauen, nicht dadurch zu beeindrucken sind und auch nicht darauf eingehen werden.
- Wichtig: Bleiben Sie immer sachlich bei Ihrer Beurteilung. Bevorzugen Sie niemanden, weil er Ihnen schmeichelt!

Umgang mit Tratschtanten

Ob mit oder ohne böse Absicht – Tratschtanten verbreiten oft gehässige und unwahre Geschichten, die den Betriebsfrieden empfindlich stören können.

- Zeigen Sie deutlich, dass Sie keinerlei Interesse an Klatsch und Tratsch haben!
- Sollten Sie direkt mit dem »Nestbeschmutzer« konfrontiert sein und dieser wieder einmal versuchen zu lästern, stellen Sie gezielte Fragen. In der Regel verunsichert das den Betreffenden. Vor allem zeigt es, dass Sie kritisch sind und der Sache auf den Grund gehen.
- Holen Sie sich zusätzlich Informationen von Dritten und geben Sie den unzuverlässigen Informanten durchaus als Quelle an! Das mögen Querulanten gar nicht und es dämmt somit die ungehemmte Verbreitung ein.
- Überprüfen Sie als Vorgesetzter stets den Wahrheitsgehalt aller Geschichten. Gibt es Widersprüche und Ungereimtheiten?

Umgang mit Pessimisten

Mal resigniert sein oder sich als ständiges Opfer betrachten ist zweierlei! Für Pessimisten ist das Leben schlecht, alle sind ungerecht und gemein – und jeder soll es wissen. Er ist der einzige von den drei Persönlichkeitstypen, der anfänglich Ihre Unterstützung braucht.

- Bleiben Sie souverän und lassen Sie nicht zu, dass diese selbst gemachte negative Grundhaltung auf Sie abfärbt!
- Nehmen Sie den Pessimisten grundsätzlich ernst, indem Sie sich mit ihm auseinander setzen.
- Geben Sie ihm zu erkennen, dass sich (auch für ihn!) mancher Einsatz lohnt. Machen Sie ihm deutlich, dass es zu seiner negativen Sichtweise stets ein positives Pendant gibt – wenn er nur will.
- Stärken Sie sein Selbstvertrauen – beachten und loben Sie seine Leistungen.
- Völlig out ist dagegen: den pädagogischen Zeigefinger heben! Gehen Sie einfach mit gutem Beispiel voran – so setzen Sie eventuell einen Umorientierungsprozess in Gang.

Auf den Punkt gebracht: Welche erfolgreichen Verhaltensweisen gibt es für den Umgang mit Gerüchten?

Gerüchte können Einzelpersonen sowie Firmen immensen Schaden zufügen. Lernen Sie, die wahren von den falschen Informationen zu unterscheiden und sorgen Sie, wo immer es geht, für klare und direkte Aussagen und Absprachen. Dies sollten Sie tunlichst nicht delegieren, sondern selbst in die Hand nehmen. So sind Sie stets bestens informiert und vermeiden zudem den »Stille-Post«-Effekt.

Information ist wichtig: Sorgen Sie dafür, Gerüchte besser einschätzen zu können. Die Voraussetzung dafür ist: Bleiben Sie stets up to date, was Unternehmenspolitik und Firmenstrategie betrifft. Auch sollten Ihnen hausinterne Zusammenhänge und Interessengemeinschaften bekannt sein, um Konflikte besser einschätzen zu können.

»Herdentiere« unerwünscht: Lassen Sie sich nie und unter keinen Umständen darauf ein, unbedacht mitzulästern. Wahrscheinlich werden intrigante Kollegen Sie dann in Zukunft meiden (da Sie nicht als »Interessenvertreter« gelten), doch was Besseres kann Ihnen eigentlich gar nicht passieren!

Transparenz schaffen: Fragen Sie unbedingt nach: Wer hat das Gerücht kolportiert? Wo ist die Quelle? Ist diese glaubwürdig? Zwar kann man nicht immer den wahren Verursacher von Gerüchten herausfiltern und dingfest machen, doch merken die Mitarbeiter zumindest, dass Sie den Dingen auf den Grund gehen.

Motive prüfen: Mit welcher Absicht hat die Quelle das Gerücht in die Welt gesetzt? Prüfen Sie den Wahrheitsgehalt, bevor Sie es (wenn überhaupt!) weitertragen oder verwerten.

Klar Schiff machen: Fragen Sie Ihren Vorgesetzten oder Chef, was an dem Gerücht dran ist. Konfrontieren Sie damit anschließend ungeniert die Person, die es ausgestreut hat.

Der Balancing-Tipp

Wichtig ist zuallererst der Glaube an sich selbst und an das Recht auf ein ausgeglichenes Seelenleben. Sie sind sich selbst der Nächste!
Achten Sie bei potenziellen Intriganten nicht nur auf das Gesagte, sondern auch auf die Körperhaltung (linkisch oder überbetont selbstbewusst), sowie auf den Blickkontakt (unruhig-ausweichend). Intriganten verstehen es bestens, sich als harmlos, unschuldig und nur »um die Sache« bemüht erscheinen zu lassen. Wenn Gerüchte und Intrigen unerträglich werden, gilt:

- Führen Sie ein klärendes Gespräch mit dem Intriganten und sprechen Sie die Probleme offen an. Dabei sollten Sie unbedingt auf eine ruhige und sachliche Argumentation achten!
- Führen Sie ein Mobbing-Tagebuch, in dem alle Übergriffe, Lösungsversuche sowie deren Resultate festgehalten werden.
- Rückhalt bei Verbündeten (zum Beispiel Vorgesetzter, Betriebsrat, Personalvertretung) suchen.

Unzufriedenheit

Was sind die häufigsten Gründe, ein Unternehmen zu verlassen und sich neu orientieren zu wollen?

In den Verwirbelungen des Joballtags ist man heutzutage froh, wenn man in einem einigermaßen sicheren Boot sitzt. Die Marktlage schwankt, die Börsenkurse rutschen abwärts. Neuen Firmengründungen, die immer noch wie Pilze aus dem Boden sprießen, stehen vermehrt Konkursen gegenüber. Alles scheint unsicher, und somit wird es immer schwerer, sich ein objektives Bild von der eigenen Firma zu machen. Ist man im richtigen Marktsegment platziert, hat das Unternehmen eine Zukunftschance? Hatte man bei der Einstellung noch den Eindruck des »Traumjobs«, muss man teilweise schon nach wenigen Wochen feststellen, dass es sich hierbei tatsächlich nur um einen Traum handelte, denn die Realität ist oft ganz anders.

Auch interne Firmenkriege wie Mobbing und allgemeine Überlastung der Mitarbeiter sind oft genug ein guter Grund, über einen Wechsel nachzudenken. Tun Sie es, denn die Zeiten, in denen man Jahrzehnte seinen wohligen Platz im Unternehmen hatte, scheinen vorbei. »Lifelong Employment« ist mittlerweile eher Ausnahme als Regelfall! Selbst wer keine Topkarriere anstrebt, sollte sich davor hüten, dauerhaft in einer ungeliebten Position zu verharren. Denn schlechte Gemütsverfassung, permanenter Stress und Sorgen nehmen einem langfristig den Atem. So oder so, dies ist vollkommen unabhängig von Ihrem beruflichen Status.

Überlegen Sie: Gibt es gute Gründe für einen Jobwechsel?

Merke: Bei einer 40-Stunden-Woche kommen in einem rund 35 Jahre dauernden Arbeitsleben gut 56.000 Stunden zusammen. Das sind rund 2.400 Tage, etwa 80 Monate und damit beinahe sieben Jahre kostbare Lebenszeit! Fühlt man sich dabei permanent oder überwiegend unwohl, macht sich nicht nur Unzufriedenheit breit, sondern man steuert auch geradewegs auf eine heftige Midlife-Crisis zu.

Rund 88 Prozent der Fach- und Führungskräfte, die mit einem Jobwechsel liebäugeln, erwarten in erster Linie ein besseres Einkommen. Dies ergab eine Umfrage des Münchner geva-Instituts aus dem Jahre 2001. Verbesserungen in Sachen Führungsstil, Kommunikation am Arbeitsplatz, Leistungsbeurteilung und Unternehmenspolitik erhoffen sich jeweils 80–85 Prozent, die Arbeitsbelastung schlägt mit immerhin noch 65 Prozent bei den potenziellen Jobwechslern zu Buche.

Gründe und Motive gehören nicht zwingend in ein und den selben Topf!

Sollten Sie sich unsicher sein, ob Ihre Unzufriedenheit berechtigt ist beziehungsweise ausreicht, um an einen Wechsel der Arbeitsstelle zu denken, so können Sie der unten stehenden Aufzählung entnehmen, was definitiv als »guter Grund« zu werten ist.

Falsches Boot: Alles klang wie maßgeschneidert, doch nun entpuppt sich der Job als Sackgasse. Ihre Ideen werden als störend empfunden, das Betriebsklima ist unangenehm, der gute Draht zum Chef stellt sich als schlapper Bindfaden heraus, und Ihre Eigeninitiative wird ausgebremst. »Nicht lange fackeln, sondern abspringen« – Entschlossenheit in der Karriereplanung imponiert anderen Chefs.

Null Aufstiegschancen: Sie stürzen voller Elan in die Arbeit und überschlagen sich an Ideen und Kreativität. Doch der liebe Chef hat ständig andere Favoriten, die er an Ihnen vorbeiziehen lässt. Wer sich auf Dauer immer wieder abservieren lässt, spielt sich selbst ins Abseits und wird nicht mehr ernst genommen.

»Same procedure as every day«: Den ganzen Tag der gleiche Trott und seit Jahren schon die gleichen Aufgaben? Keinerlei Herausforderungen? Dies kann ein absoluter Motivationskiller sein.

Psyche: Magenschmerzen, Kopfschmerzen, Nervosität und Schlafstörungen sind die häufigsten Indikatoren dafür, dass tatsächlich irgendetwas »unerträglich« ist. Hören Sie auf Ihren Körper, bevor Sie selbst für die kostbare Freizeit zu krank und kaputt sind.

Hier noch ein paar Indikatoren dafür, dass Ihre derzeitige Misere nur begrenzt sein könnte und sich mit etwas Geduld alles zum Guten wendet:

- Die Firma vergrößert sich, neue Stellen und Units werden geschaffen. Vielleicht ist etwas für Sie dabei?
- Obwohl die Beförderung verschoben wurde, wird Ihnen zum Beispiel die Weiterbildung genehmigt und bezahlt. Ein Zeichen dafür, dass Sie der Firma etwas Wert sind.
- Der Chef ist zwar immer noch unfreundlich, doch fragt er Sie jetzt öfter nach Ihrer Meinung. Das ist die Chance. Dranbleiben und signalisieren: »Es bewegt sich was. Ja, ich bin dabei!«

Auf den Punkt gebracht: Was sollten Sie bei einem Jobwechsel beachten?

Viele Menschen scheuen den Wechsel der Arbeitsstelle. Trotz Unzufriedenheit und schlechten Karrierechancen klammern sie sich an Ihren Job und legen sich dadurch innerlich immer stärker auf den »absteigenden Ast« fest. Das Motto »Was man hat, das hat man ...!« führt leider allzu oft in eine Sackgasse. Falsche Loyalität oder Bequemlichkeit blockieren Ihre Flexibilität und fördern die stetig zunehmende Unzufriedenheit. Tragen Sie sich konkret mit dem Gedanken, den Arbeitgeber zu wechseln, dann sollten Sie die folgenden Punkte bedenken.

Vor dem Wechsel kommt die Erkenntnis!

Fakten schaffen: Bevor Sie sich neu orientieren, sollten Sie mit sich ins Gericht gehen und sich darüber klar werden, was Sie von einem Arbeitgeber erwarten und wie Ihre Karriere künftig aussehen soll. Die neue Aufgabe, das neue Unternehmen sollte Ihren Vorstellungen so weit wie möglich entsprechen. Beziehen Sie in Ihre Überlegungen zum Beispiel Position, Gehalt, Zusatzleistungen und Anfahrtswege mit ein. Sonst kommen Sie vom Regen in die Traufe. Informieren Sie sich auch über andere Branchen und frischen Sie alte Kontakte auf – diese könnten Ihnen unter Umständen ebenfalls dienlich sein.

Kontinuität wahren: Jobwechsel sind für die Karriere zwar grundsätzlich förderlich, doch wie so oft gilt auch hier der Grundsatz »zu viel kann schaden!«. Sie sollten mindestens zwei bis drei Jahre an einem Arbeitsplatz bleiben und dadurch Kontinuität und Engagement beweisen.

Diskretion wahren: Hängen Sie Ihr Vorhaben nicht zu früh an die große Glocke, zumindest nicht, bevor Sie sich Ihrer Sache wirklich sicher sind. Vermeiden Sie es auch, Ihre Absichten den lieben Kollegen anzuvertrauen. Derlei Nachrichten verbreiten sich wie ein Großbrand im Unternehmen, und wenn Sie Pech haben, weiß Ihr Chef bereits von Ihrer geplanten Kündigung, noch bevor Sie sich endgültig entschieden haben. Das könnte den Weg zurück blockieren!

Checken Sie Ihren Arbeitsvertrag: Nur wenn Sie gut vorbereitet sind, bleiben Ihnen unangenehme Überraschungen erspart.

- Kündigungsfristen: Wie lang sind Ihre vereinbarten Kündigungsfristen?
- Weihnachtsgeld: Gibt es eine Klausel, die besagt, dass Sie einen Teil des Weihnachtsgeldes (maßgeblich ist der Kündigungstermin) unter Umständen zurückzahlen müssen?
- Sperrfrist und Wettbewerbsklausel: Gibt es in Ihrem Vertrag einen Passus, der es Ihnen untersagt, für eine bestimmte Zeit zur Konkurrenz zu gehen?

Der Balancing-Tipp

Wenn Probleme unüberwindbar werden, ist »Handeln statt warten« gefragt. Wer Probleme vor sich herschiebt, bis er keine geeigneten Alternativen mehr wählen kann, ist strategisch immer im Nachteil. Besser ist es, sich beizeiten aktiv mit der Situation auseinander zu setzen und Schwierigkeiten als Herausforderungen anzunehmen. Die »Vogel-Strauß-Taktik« vergrößert bei andauernden Problemen lediglich Ihr persönliches Leid, raubt Ihnen langfristig die zum Handeln notwendige Energie und macht Sie auch im Privatleben zu einem missmutigen Zeitgenossen.

Existenzgründung

Wie viel Mut ist nötig, um sich selbst aus der Arbeitslosigkeit herauszuholen?

Arbeitslosigkeit ist kein Einzelschicksal! Sollten Sie sich bezüglich Ihrer Leistungen keine Vorwürfe zu machen haben, so achten Sie bitte darauf, dass weder Außenstehende noch Sie selbst die Dinge schlimmer darstellen, als sie sind. Selbstverständlich löst ein Jobverlust immense Irritationen und Ängste aus, denn oft hängt man nicht nur selbst, sondern die ganze Familie am Tropf des regelmäßigen Gehalts. Betrachtet man im beruflichen Kontext die Maslow'sche Bedürfnispyramide so wird einem schnell bewusst, wie tief greifend sich ein Jobverlust auf die Psyche und das Wohlbefinden auswirkt.

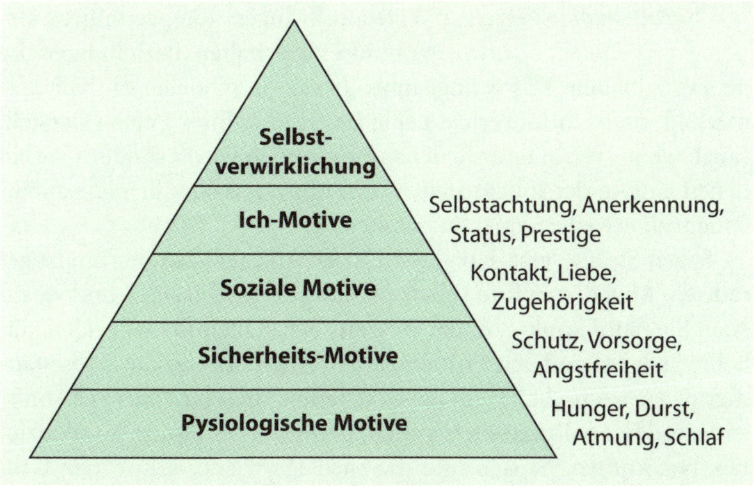

- Unterste Ebene – Grundbedürfnisse, also physiologische Motive: Hunger, Durst, Sexualität, Schlaf, Wärme.
- Zweite Ebene – Sicherheits-Motive: Wohnraum, Kleidung, Vorsorge (zum Beispiel Wohneigentum, Versicherungen).

- Dritte Ebene – Soziale Motive: Kommunikation, Freunde, Familie, Kontakt zu anderen Menschen.
- Vierte Ebene – Ich-Motive: Anerkennung, Ansehen, Status, Prestige, Macht.
- Fünfte Ebene – Selbstverwirklichung: Leben nach eigenen Vorstellungen, Verwirklichung persönlicher Wünsche, künstlerische oder geistige Betätigung, religiöse/philosophische Aspekte.

Von den untersten Ebene bis zu den höheren Bedürfnissen (5. Ebene) kann bei einem Jobverlust alles betroffen sein. Kein Wunder also, dass bei den Betroffenen innerlich ein Fegefeuer brennt. Der Verlust der Arbeit und des Einkommens wird nicht nur als bedrohlich wahrgenommen – für unsere Bedürfnisse und unsere Identifikation ist er das auch!

Die Ängste bewusst machen!

Der erste Schritt aus dieser »Bedrohung« ist, sich den eigenen Ängsten und Befürchtungen zu stellen, diese als legitim zu begreifen und zu ihnen zu stehen (Ist-Zustand akzeptieren!). Im Anschluss sollten Sie den Mut und den eigenen Willen aufbringen, die persönliche Bedürfnispyramide zu erhalten beziehungsweise neu aufzubauen. Das gelingt umso besser, je schneller Sie sich klar machen, dass ein Jobverlust keine Bestrafung Ihrer Person darstellt (auch wenn sie hin und wieder so empfunden wird), sondern Sie ein Leben lang in der Pflicht stehen, sich obige Basalbedürfnisse aufzubauen, zu erweitern oder zu erhalten.

Sagen Sie also erst mal »Ja« zu Ihren Ängsten – immerhin ist gerade ein Meteorit in Ihre Lebensplanung eingeschlagen – und versuchen Sie dann konkret einen Weg aus dem Dilemma zu finden, das heißt, sich bei anderen Firmen zu bewerben oder in die Selbstständigkeit zu wechseln. Wenn Sie es schaffen, die Phase des Selbstmitleids und des Selbstzweifels auf ein gesundes Minimum zu reduzieren, bekommen Sie sich und die Sachlage wieder gut in den Griff und können entschlossen die verschiedenen Möglichkeiten einer neuen Existenz abklopfen. Besinnen Sie sich auf Ihre Stärken, schreiben Sie diese nieder und nehmen Sie diese Notizen immer wieder zur Hand. Im Grunde haben Sie in Ihrem Leben doch schon ganz andere Hürden genommen, nicht wahr?

Neben einem neuen Arbeitgeber haben Sie selbstverständlich auch die Möglichkeit, sich Ihr Können und Fachwissen direkt von den Kunden bezahlen zu lassen. Haben Sie schon darüber nachgedacht, Ihrem Leben eine neue Richtung zu geben und Ihr eigener Chef zu sein? Haben Sie unter Umständen vor Ihrem geistigen Auge schon eine Branche, ein Marktsegment oder ein Produkt vor Augen, mit dem Sie sich gut identifizieren können? Wenn ja, prüfen Sie sorgfältig alle Ihnen zur Verfügung stehenden Informationen und Netzwerke und lassen Sie sich von Menschen beraten, die bereits erfolgreich in die Selbstständigkeit gestartet sind.

Alternativen bewusst durchdenken!

Merke: Vertrauen Sie nur Informanten, die selbst schon in diesen Schuhen steckten und somit wissen, was alles an Hürden auf Sie zukommt und wie Sie diese am besten meistern. Angstmacher und Bedenkenträger sind jetzt nicht angesagt, obwohl Sie auch hier sicher das eine oder andere erfahren, was Ihnen auf dem Weg zu neuen Ufern von Wert sein könnte. Abhalten lassen sollten Sie sich davon nicht – die Entscheidung treffen Sie!

Es würde den Umfang dieses Buches sprengen, an dieser Stelle ein komplettes Gründungskonzept für Sie zu skizzieren, doch sollten Sie beim Planen der Selbstständigkeit vorab zumindest für folgende Fragestellungen die Antworten parat haben:

- Haben Sie eine überzeugende Geschäftsidee?
- Haben Sie eine geeignete Branche gewählt? In welcher Größenordnung wollen Sie tätig werden (Mitarbeiter)?
- Stimmen Ihre Qualifikationen, Ihre Arbeitsleistung und Ihr Arbeitswille? Bedenken Sie: Kein nine-to-five, kein bezahlter Urlaub –, keine automatische Lohnfortzahlung im Krankheitsfall!
- Ist eine solide Finanzierung möglich (zum Beispiel Fördermittel, Banken, Rücklagen)?
- Stimmt Ihre Planung (Budget, Zeit, Mitarbeiter, Material, Finanzierung)?
- Kann Ihr Betrieb oder Gewerbe tatsächlich dauerhaft genug abwerfen (Betriebsleistung)?
- Was sagt die Familie? Ziehen alle an einem Strang?

- Wer kann Sie unter Umständen noch unterstützen?
- Haben Sie alle notwendigen Informationen eingeholt?
- Haben Sie die Veränderung Ihrer sozialen Absicherungen bedacht (Arbeitslosengeld, Rentenversicherung, Krankenkasse)?
- Wollen Sie und Ihre Familie das wirklich? Können Sie sich das leisten?

Wenn Sie alle Fragen mit »Ja« beantwortet haben, können Sie mit Engagement und Enthusiasmus daran gehen, die Gründung im Detail zu planen und zu organisieren. Bevor Sie vor Langeweile und mangelndem Selbstwertgefühl durchdrehen oder sich Ihr Traumjob nicht so schnell wie vermutet blicken lässt, nehmen Sie die Zügel wieder selbst in die Hand und versuchen Sie Ihr Glück!

Auf den Punkt gebracht: Welche Möglichkeiten haben Sie, sich eine eigene Existenz aufzubauen?

Neben dem emsigen Bemühen, eine geeignete Festanstellung zu bekommen, gibt es einige Möglichkeiten, seinem Schicksal einen Ruck zu geben, sich neu zu orientieren oder endlich umzusatteln. Selbstständigkeit oder freiberufliche Tätigkeit kann der befreiende Schritt in die richtige Richtung sein, wenn Sie über die gewünschte Branche gut informiert sind und Ihre Vorgehensweise überlegt geplant und vorbereitet haben. Unterstützung gibt es allemal.

Überbrückungsgeld: Ist man bereits arbeitslos gemeldet und legt dem Arbeitsamt (Büro für Existenzgründungen: www.bfe-muenchen.de) für den Sprung in die Selbstständigkeit ein schlüssiges Geschäftskonzept vor, so kann man einen Antrag auf Überbrückungsgeld stellen. Das Überbrückungsgeld muss nicht zurückgezahlt werden und auch der generelle Anspruch auf Arbeitslosengeld – sollte die Geschäftsidee fehlschlagen – bleibt dadurch unberührt. Diese Finanzierungshilfe wird jedoch pro Person nur einmalig gewährt. So erhält man ein halbes Jahr lang (26 Wochen) eine rückzahlungsfreie Anschubfinanzierung in Höhe des bisher gezahlten Arbeitslosengeldes (oder in Höhe des Anspruches) plus die Kosten für Kranken-, Renten- und Pflegeversicherung, welches das Arbeitsamt bisher getragen hat beziehungsweise hätte tragen müssen. Auskünfte über weitere Mindestvoraussetzungen, wie beispielsweise erforderliches Gutachten oder wöchentliche Mindestarbeitszeit, gibt das Arbeitsamt auf Anfrage (siehe dazu auch: www.arbeitsamt.de). Das Überbrückungsgeld schließt andere staatliche Zuschüsse und Finanzhilfen nicht aus. Rechtsgrundlage: § 57 Sozialgesetzbuch (SGB) III.

Existenzberatung: Bereits vor der Gründung eines Unternehmens könnten Rat suchende Existenzgründer auf das Informations- und Beratungsangebot der deutschlandweit 82 IHKs (Industrie- und Handelskammer) zurückgreifen. Diese und die Handwerkskammern beschäftigen Existenzgründungsberater, die Geschäftsideen prüfen und bei der Finanzierung sowie der Wahl der richtigen Rechtsform helfen (www.diht.de).

Förderprogramme: Die Förderdatenbank des Bundeswirtschaftsministeriums beschreibt in kostenlosen Broschüren (eventuell auch als CD-ROM erhältlich!) mehr als 900 Förderprogramme des Bundes, der Länder und der EU. Adresse: Referat Öffentlichkeitsarbeit, Scharnhornstr. 34–37, D-11019 Berlin (www.bmwi.de).

Staatliche Existenzgründungsprogramme: Die Deutsche Ausgleichsbank (DtA) versendet kostenlos Broschüren und Antragsformulare für staatliche Existenzgründungsprogramme. Seit dem 1. Oktober 2002 bietet die DtA unter anderem auch ein spezielles »DtA-Mikro-Darlehen« (bis 25.000 Euro) für Kleinstgründungen an. Adresse: Ludwig-Erhard-Platz 1–3, D-53179 Bonn (www.dta.de).

Weitere Fördermittel: Sparkassen und Banken sind ebenfalls gut über Fördermittel von Bund und Ländern informiert. Auf Anfrage helfen sie auch bei der Antragstellung und bei der Beurteilung des Finanzierungskonzeptes.

Der Balancing-Tipp

Wer engagiert seine Lebensziele verfolgt, Frustrationen minimieren und sich am eigenen Schopfe aus der Arbeitslosigkeit ziehen will, sollte konkret darüber nachdenken, ob Qualifikation und Arbeitsbereitschaft den Weg in eine neue Zukunft ebnen könnten. Warten Sie nicht länger auf den heiß ersehnten Mäzen und Fürsprecher – diesen Dienst können Sie sich auch selbst erweisen. Freuen Sie sich an Ihren Talenten und Qualifikationen und setzen Sie diese gezielt für Ihre Zwecke und Ihr Fortkommen ein. Binden Sie in jedem Falle frühzeitig Ihre Familie oder den Partner mit ein, denn die müssen Ihnen bei dem Sprung in die Selbstständigkeit erst einmal den Rücken frei halten. Private Probleme oder gar die Entfremdung vom Partner und den Kindern sind oft genug der Grund für ein Scheitern. Gewohnter Lebensrhythmus, Freizeit und finanzielle Sicherheit stehen erst einmal hinten an und da müssen Sie sich des Zuspruchs und der emotionalen Unterstützung Ihrer Familie sicher sein.

Balanced Exercises

Gewohnheiten

Wie schaffen Sie sich wohltuende Rituale?

Das ganze Leben ist ein Ritual. Angefangen beim Aufstehen, den Frühstücksgewohnheiten, den Hobbys, den bevorzugten Urlaubsgebieten, den Wochenendvergnügungen bis hin zum Ablauf Ihres Arbeitstages. Doch Mittagspause und diverse Toilettengänge reichen im Beruf nicht aus, um von einem gesunden Ablauf oder gar einer wirklichen Struktur sprechen zu können. Wenn Sie die restlichen Stunden im Stress sind und nicht mehr wissen, wo links und rechts ist, haben Sie jemandem gestattet, jederzeit über Sie zu verfügen. Das ist keine Struktur, das ist ein zukünftiges Magengeschwür. Vorab also einige Hinweise zum täglichen Umgang mit sich selbst. Um eine richtig tiefe Erschöpfung abzuwenden, achten Sie bei Ihrem Tagesablauf generell auf Folgendes:

- Ein Snack beim Kopieren oder hastig in der Kantine den Magen füllen? Vorsicht! Machen Sie den Break lieber zum Kurzurlaub, um auch für die zweite Hälfte des Tages fit zu sein.
- Nehmen Sie Ihre Mahlzeiten nie im Gehen ein! Suchen Sie sich bestenfalls ein schönes Plätzchen aus und genießen Sie Ihr Essen in aller Ruhe.
- Wenn Sie in Ihrer Freizeit oder Ihrer Mittagspause müde sind und etwas schlafen wollen, tun Sie es! Sie brauchen keine Schuldgefühle wegen eines Nickerchens zu haben. Die Aussage »Zeit sinnvoll nutzen« ist ein recht dehnbarer Begriff.
- Wagen Sie es ruhig, Ihrer Freizeit den gewünschten Sinn selbst zu geben, und vermeiden Sie den Zeitterror: Ziehen Sie außerhalb Ihrer Bürozeiten Ihre Armbanduhr aus und planen Sie auch Zeiten ein, in denen Sie absolut nichts tun.

Durch diese kleinen Tricks wenden Sie hysterische Überforderungsattacken ab und gewinnen eine intensivere Nähe und ein stärkeres Bewusstsein für sich selbst. Richtig rund wird die Sache erst, wenn Sie sich erlauben, eine eigene Arbeits- und Tagesstruktur zu installieren, die Ihrem natürlichen Biorhythmus entgegenkommt. Haben Sie dies erreicht, kann Ihnen kein noch so anstrengender Tag wirklich Angst machen. Zeigen Sie Mut und Engagement bei der Durchsetzung einzelner Maßnahmen – Ihr Wohlbefinden und Ihr Output(!) wird es Ihnen danken.

Anti-Stress-Rituale für jedermann!

Auf den Punkt gebracht: Welche wohltuenden Rituale und Anti-Stress-Tipps sorgen für Ausgeglichenheit?

Wenn sie dem Alltagsstress ein Schnippchen schlagen wollen, dann hilft kein Klagen und Stöhnen, sondern nur eine Kehrtwende in Ihrem Verhalten. Ob Sie nun selbstbewusst Ihre Kollegen darauf einstimmen, dass sich in Zukunft etwas ändern wird oder Sie sich klammheimlich eine neue Tagesstruktur zurechtlegen – wenn Sie etwas ändern wollen, müssen »Sie« etwas verändern!

Den Tag in Ruhe planen: Trauen Sie sich, den Tag beziehungsweise den Nachmittag erst einmal mit einer Tasse Tee oder Kaffee zu starten und sich währenddessen in Ruhe zu überlegen, wie Sie den Rest des Tages gestalten wollen und was Sie unbedingt noch zu erledigen haben.

Auf Ausgewogenheit achten: Legen Sie zirka alle zwei bis drei Stunden eine kleine Pause ein und machen Sie ein paar Dehn- und Entspannungsübungen. Unser Körper ist tagsüber auf Bewegung programmiert, auch wenn unser Geist vielleicht müde ist. Bei mangelnder Bewegung verspannen Sie sich schnell und können auch Ihre angestauten negativen Energien nicht abbauen (s. S. 140ff., »Energietankstellen«).

Wissen, wann Schluss ist: Lernen Sie, »Nein« zu sagen! Nur so können Sie sich gegen zu viele Anforderungen und Ansprüche aus Ihrer Umgebung wehren. Geben Sie Aufgaben ab – Sie sind nicht der einzige Mensch, der sie bewältigen kann.

> **Merke:** Gerade in Stressphasen sollten Sie tunlichst auf zusätzliche Erledigungen verzichten, auch wenn Ihnen diese Dinge zunächst wichtig oder spannend erscheinen. Unterschlagen Sie nicht länger Ihre eigenen Bedürfnisse, um anderen zu gefallen.

Den Kopf einmal ausschalten: Suchen Sie Ruhe und Ausgleich für zwischendurch. Vielleicht hören Sie auch einfach nur ein bisschen Musik und lassen Ihre Gedanken schweifen. Es geht darum, den Geist zu beruhigen und nicht darum, ihn weiter zu beschäftigen. Indem wir in freien Minuten zur Zeitung greifen oder uns vor den Fernseher setzen, geben wir unserem Gehirn ständig neue Informationen, die dann wieder verarbeitet werden müssen. Den Geist wirklich entspannen können wir so nicht.

Geben Sie sich das, was Sie brauchen!

Denk-Lawinen austricksen: Lernen Sie zu meditieren. In der Meditation versuchen Sie gezielt, Ihren Geist von allen Gedanken frei zu machen. Sie konzentrieren sich nur auf das Hier und Jetzt, nur auf die Meditation. Bei guter Übung reichen manchmal schon einige Minuten, um tief entspannen zu können. Zudem wird klar, dass der Stress oder Konflikt eigentlich gerade nur im Kopf stattgefunden hat, und nicht bereits im realen Leben. Gönnen Sie sich eine Auszeit der trüben oder bedrohlichen Gedanken. Verschaffen Sie Ihrem Denkapparat hin und wieder bewusste Erholungsphasen, in denen stressauslösende Gedanken keinen Platz und damit keine weitere Energie erhalten (s. S. 139, »Office Training-Kurzmeditation«).

Sich selbst etwas gönnen: Sorgen Sie gut für sich und hören Sie auf Ihre innere Stimme. Manchmal fühlen wir uns wie ein kleines Kind und möchten mit dem Fuß aufstampfen oder unbedingt ein bestimmtes Essen haben. Gerade in Stresszeiten scheint unser inneres

Kind aktiv zu werden – erlauben Sie sich solch kleine Launen. Seien Sie liebevoll zu sich selbst und verwöhnen Sie sich mit kleinen Dingen, nach denen es Sie gelüstet oder die Ihnen einfach nur Freude machen.

Geist und Körper in Einklang bringen: Suchen Sie sich eine ausgleichende Sportart für das Wochenende oder den Feierabend, zum Beispiel Joggen, Schwimmen, Radfahren, Tai Chi oder Qi Gong. Wenn Sie eine Sportart auswählen ist es wichtig, auf sich selbst zu hören. Der Sport selbst darf nicht auch noch zum Stressfaktor werden.

Den Gefühlen Raum geben: Geben Sie sich die Möglichkeit, Ihren angestauten Gefühlen Ausdruck zu verleihen. Sich abzureagieren ist extrem sinnvoll, um Stress abzubauen. Vielleicht möchten Sie Ihre Gefühle beim Malen oder Schreiben ausdrücken oder einfach nur laut, aber unbemerkt Ihren Frust rausbrüllen. Wenn Sie kein freies Feld in Ihrer Nähe haben, dann schreien Sie doch einfach in Ihr Kopfkissen oder wenn Sie im Auto sitzen (Radio einschalten!).

> **Merke:** Ob im Büro oder zu Hause – ein kleiner Boxsack, an der Decke befestigt, kann Ihnen bei drohendem Aggressionsstau oder Frust ebenfalls sehr dienlich sein und wahre Wunder bewirken!

Unnötige Belastungen reduzieren: Schränken Sie Genussmittel wie Nikotin und Koffein ein und verzichten Sie möglichst ganz auf Alkohol. Die kurzfristigen Erleichterungen durch Genussmittel rächen sich später, denn sie stellen eine weitere Belastung Ihres Körpers dar, der die angesammelten Giftstoffe zusätzlich verarbeiten muss.

Man ist, was man isst: Ernähren Sie sich gesund. Essen Sie viel Obst und Gemüse, selbst wenn Sie hin und wieder an einer deftigen Schlachtplatte nicht vorbeigehen können. Sorgen Sie auch für ausreichend Vitamine und Mineralstoffe (s. S. 144, »Ernährung«). Damit tun Sie Ihrem Körper etwas Gutes, denn er kann fettarme Kost wesentlich leichter verarbeiten und verdauen. In Stresszeiten steht der Körper ohnehin unter größerer Belastung, und so sollten Sie ihm nicht zusätzlich durch schwere, gehaltvolle Kost in die Parade fahren.

Der Balancing-Tipp

Tun Sie in Ihren Pausen etwas bewusst Langsames: Lesen, Fotos anschauen, einen kleinen Spaziergang an der frischen Luft machen, klassische Musik hören. Atmen Sie dabei tief ein und aus. Keine Angst vor Tagträumen! Sie lenken vom Stress ab und entführen Sie in eine angenehmere Welt. Freuen Sie sich einfach darüber, dass Kopf und Seele noch mehr für Sie bereithalten, als schwermütige Gedanken und Stress. Manchmal geben Ihnen solche Träumereien sogar wertvolle Anregungen für Ihren privaten und beruflichen Alltag.

Office-Training

Wie finden Sie mit Atmung und Kurzmeditation wieder zu innerer Ruhe?

Das Thema Atmung gewinnt allgemein immer mehr Beachtung. In China existiert inzwischen eine riesige Bewegung von Anhängern, die die Lehre des richtigen Atmens praktizieren. Atem ist Leben! Leider ist in unserer Gesellschaft das Gespür für existenzielle Wahrheiten mehr und mehr verloren gegangen – eine vollkommen übersättigte, wohlhabende, aber dennoch stets unzufriedene Gesellschaft ist das Ergebnis. Im Grunde möchte jeder von Lebensenergie durchtränkt sein, ja, sie zu jedem Zeitpunkt unseres Tages aktivieren können. Mehr Leistung verbraucht mehr Energie – doch woher soll diese Energie kommen? Wohl kaum durch mehr Konsum. Die richtige Devise lautet: Less is more!

Die wechselseitige Nasenatmung

Körper und Seele stehen in einer permanenten Wechselbeziehung und wirken ständig aufeinander ein. Die wechselseitige Nasenatmung hat eine unvergleichlich beruhigende Wirkung. Machen Sie diese Atemübung immer dann, wenn Sie sich beruhigen wollen, wenn Sie nervös, aufgeregt oder gereizt sind.

Atmen Sie rhythmisch, langsam, ruhig und geräuschlos. Die Wirkungen: Es beruhigt das Nervensystem, hilft gegen Schlaflosigkeit, entspannt und erfrischt den Körper, hilft gegen Angst- und Depressionszustände, fördert die Verdauung und den Appetit, reinigt das Blut, pumpt die Lungen voll Luft und lindert Kopfschmerzen. So können Sie auch in der Mittagspause oder während zwei Meetings sich schnell etwas Gutes tun und wieder zu Entspannung und Ausgeglichenheit finden.

Probieren Sie es doch einfach einmal aus: Das Leben einatmen!

Wechselseitige Nasenatmung – so wird's gemacht

- Setzen Sie sich aufrecht in den Schneidersitz, alternativ aufrecht auf den Rand des Bürostuhls.
- Heben Sie Ihre rechte Hand und verschließen Sie mit dem Ringfinger Ihr linkes Nasenloch.
- Atmen Sie tief durch das rechte Nasenloch ein und zählen Sie dabei im Sekundenrhythmus bis 4.
- Verschließen Sie jetzt mit dem Daumen das rechte Nasenloch und halten Sie den Atem 1 bis 4 Sekunden lang an.
- Öffnen Sie das linke Nasenloch und atmen Sie 4 bis 8 Sekunden lang aus. Je länger Sie ausatmen, desto besser! Konzentrieren Sie sich darauf, Ihre Lungen vollkommen zu entleeren.
- Atmen Sie durch das gleiche Nasenloch (also das linke) ein und zählen Sie dabei bis 4.
- Schließen Sie das Nasenloch wieder mit dem Ringfinger und halten Sie den Atem 1 bis 4 Sekunden an.
- Jetzt atmen Sie durch das rechte Nasenloch aus (4 bis 8 Sekunden). Das ergibt einen vollständigen Atemturnus.
- Wiederholen Sie diesen Turnus fünf Mal. Wenn Sie unter Schlaflosigkeit leiden, sollten Sie die Übung zehn Minuten lang durchführen.
- Halten Sie zuerst einen 4:4:8-Atemrhythmus, später 8:4:8, und schließlich, nach einigen Monaten, 8:8:8 ein.

Erzwingen Sie beim Atemanhalten oder beim Steigern des Rhythmus nichts; das muss ganz allmählich und ohne Mühe kommen!

Die Kurzmeditation

Eine alte Zen-Meditation eignet sich in vereinfachter Form sehr gut speziell für Anfänger oder auch für die Pausen zwischendurch – denn Sie brauchen weder Kissen, Räucherstäbchen, noch ellenlange Sutren, die Sie stundenlang vor sich hin murmeln müssen.

Die Kombination von Atmung und der von Ihnen frei gewählten Konditionierung Ihres Unterbewusstseins wird Sie tief entspannen, Zufriedenheit in Ihrem Inneren entstehen lassen und Ihr Selbstvertrauen steigern.

Das Gefühl, das Sie einatmen, ist das, was Sie von außen erbitten (obwohl es eigentlich schon längst in Ihnen ist!) – das Gefühl, das Sie ausatmen, ist das, welches sich in Ihrem Körper ausbreiten soll.

Kurzmeditation – so wird's gemacht

- Suchen Sie sich ein ruhiges Plätzchen oder schließen Sie Ihre Bürotüre für einen Moment.
- Setzen Sie sich aufrecht, aber entspannt in Ihren Bürosessel (Arme oder Beine bitte nicht verschränken!).
- Schließen Sie die Augen und versuchen Sie, zu lächeln.
- Atmen Sie tief und locker in den Unterbauch ein. Währenddessen denken Sie dreimal hintereinander an ein Gefühl, das Sie sich für sich selbst wünschen beziehungsweise jetzt brauchen, zum Beispiel beim Einatmen: Gelassenheit. Es kann sich dabei auch um Klarheit, Unerschütterlichkeit, Aufmerksamkeit oder Zielstrebigkeit handeln.
- Für das Ausatmen gilt das Gleiche, nur nehmen Sie jetzt ein anderes Gefühl, zum Beispiel Verständnis.
- Versuchen Sie, insgesamt auf mindestens zwei bis drei Minuten vollkommener Konzentration zu kommen, und steigern Sie die Meditationszeit je nach Befinden.
- Sie dürfen nichts anderes denken, als diese von Ihnen gewählten Begriffe. Bereits nach zirka einer Minute wird Ihr Gehirn automatisch beginnen wieder abzuschweifen – bleiben Sie konzentriert!

Zudem können Sie die Begriffe geradewegs nach Ihrer Befindlichkeit einsetzen. Scheuen Sie sich also nicht, auch um Liebe, Zuneigung, Vertrauen zu bitten beziehungsweise sich diese Empfindungen per Atmung zu holen.

Der Balancing-Tipp

Manchmal gibt es Tage, an denen man so ausgelaugt ist, dass an Aktivitäten oder gar an Sport nicht zu denken ist. Zwingen Sie sich nicht! Überwindung ist gut, aber nicht immer. Sie müssen nicht alles kontrollieren beziehungsweise sich selbst ständig disziplinieren. Legen Sie die Beine hoch, trinken Sie in Ruhe einen Tee, machen Sie Ihre Lieblingsmusik an oder nehmen Sie einfach ein schönes, heißes Schaumbad. Wenn Kinder oder andere feste Verpflichtungen im Spiel sind: Planen Sie mit Ihrem Partner, wer an welchem Tag für eigene Aktivitäten »frei« hat.

Energietankstellen

Wie können Sie mit »Übungen für zwischendurch« Ihre Kraftreserven stabilisieren?

Gerne werden Ermüdungszustände den älteren Mitarbeitern angedichtet. Schlimmer noch: Viel zu oft müssen sie sich diese dümmlichen Frotzeleien und sogar Diskriminierungen von jüngeren Kollegen gefallen lassen – obwohl alle Welt weiß, dass Leistung nur dann möglich ist, wenn man rechtzeitig seine Kraftreservoirs auftankt. Dies gilt unabhängig vom Lebensalter! Bedenken Sie bitte beim nächsten Plausch auf dem Büroflur, dass auch Sie schneller als geahnt in die Jahre kommen werden. Grundsätzlich ist das eine Frage der Konstellation – selbst ein 25-Jähriger sollte für rechtzeitige Erholungsphasen sorgen, wenn er langfristig hohe Leistungen erbringen will.

Einige skandinavische Länder machen uns dies vor, indem Sie für Ihre Mitarbeiter »Restrooms« eingerichtet haben, deren Benutzung für ein »Power-Nick« jedermann und jederzeit zur Verfügung steht. Die Ergebnisse dieses selbstverständlichen Umgangs mit den Kraftreserven sprechen für sich. Deutschland hat da kräftig aufzuholen – unterstützen Sie diese Entwicklung, denn spätestens in ein paar Jahren werden Sie durch nachlassende körperliche Power kürzer treten müssen und wenig Lust haben, sich von jungen Klugscheißern als »alte Fregatte« abstempeln zu lassen. Unabhängig vom Lebensalter ist es immer klug, mit seinen Kräften und Potenzialen diszipliniert umzugehen.

Es lohnt sich hinzuschauen: Andere Länder – gute Sitten!

Unser Biorhythmus lässt sich nur kurzfristig überrumpeln und sollte im Sinne einer langfristigen Leistungs- und Konzentrationsfähigkeit nicht wie eine Zitrone ausgequetscht werden.

Merke: Wenn Arbeitstage so anstrengend werden, dass Ihnen schon am frühen Nachmittag die nötige Power und der Antrieb fehlen, sollten Sie aktiv gegensteuern und für Erholung sorgen!

Ärgernisse, Stress, Hektik und den Motor immer auf Hochtouren? Das kann auf Dauer nicht gut gehen. Deshalb ist darauf zu achten, dass Sie zwischendurch, im wahrsten Sinne des Wortes, zur Besinnung kommen und dafür Sorge tragen, dass Sie sich schnell wieder wohl fühlen – weder ohne die empfundene Anspannung zu verdrängen, noch diese zu kumulieren. Schneller als man schauen kann, findet man sich ansonsten irgendwann mitten im Burnout-Syndrom wieder oder quält seine Familie und Freunde mit schlechter Laune und Aggressionen. Zu den psychischen Beeinträchtigungen kommen die physischen, wie zum Beispiel Kopfschmerzen und Magengeschwüre. Alles in allem ist Ärger Gift, auch wenn er uns hin und wieder hilft, eigene Hemmschwellen einzureißen. Daneben ist er hochgradig ansteckend. Er zerstört das klimatische Gleichgewicht, die Disziplin und die schöpferischen Kräfte.

Auf den Punkt gebracht: Welche Entspannungsübungen gibt es für zwischendurch?

Es ist ein Meeting in Sicht und Sie fühlen sich völlig ausgepowert? Nach dem Mittagessen wünschen Sie sich nichts mehr, als ein Bett? Kein Wunder, denn unser Biorhythmus zwingt uns in Leistungshoch- aber auch in Leistungstief-Phasen. Wenn Sie achtsam mit sich umgehen, werden Sie sofort merken, wenn Leistung und Konzentration abfallen. Verdrängen Sie diese Tatsache nicht, sondern helfen Sie Ihrem Körper und Geist dabei, sich schnellstmöglich zu regenerieren. Die folgenden Tipps wirken bei jedem kleinen Tief wie eine Energiedusche.

Die kleinen Stresskiller für zwischendurch!

Energien aktivieren: Gehen Sie an die frische Luft, regen Sie mit einem kleinen Spaziergang und Dehnübungen den Kreislauf an. Zusätzlich immer wieder recken und strecken! Auch fürs Büro geeignet: Marschieren Sie kräftig auf der Stelle (Arme mitschwingen lassen und ruhig weiter atmen) und blicken Sie währenddessen in aufrechter Haltung einmal weit nach links, dann weit nach rechts. Nur so weit es geht, schmerzen darf es nicht!

Qi-Atmung: Um die körpereigene Energie (Qi = Vitalkraft) zwischendurch beziehungsweise »auf die Schnelle« zu sammeln, atmet man schnell und kräftig ein, spannt ebenso schnell die Hände vor der Brust und atmet dann sehr langsam aus (für die Aktivierung des Qi, also unserer Vitalkraft, ist langsames Ausatmen enorm wichtig!), während man die zusammengeführten Hände in dem gleichen Tempo nach vorne bewegt. Diese Atmung mit entsprechender Armbewegung mehrmals wiederholen, bis Sie einen Entspannungs- oder sogar eine Art Glückszustand spüren.

Zum Kurzurlaub in die Mittagspause: Erst einmal abschalten! Erledigen Sie vorher noch wichtige Anrufe, das heißt, verschieben Sie unangenehme Aufgaben nicht auf später. Verabschieden Sie sich dann fünf Minuten mental von der Arbeit, etwa ungestört im Waschraum oder in einem unbenutzten Konferenzraum. Dabei können Sie auftanken oder einmal für ein paar Minuten die Augen schließen. Erst danach gehen Sie zum Mittagessen und gönnen sich dabei Ruhe.

! **Merke:** Achten Sie auf die Auswahl Ihrer Speisen! Energie liefert leichte, ballaststoffreiche Kost (zum Beispiel Salate). Wer viel sitzt, sollte die Verdauung auf Trab halten. Ebenfalls wichtig: Reden Sie während der Pause möglichst nicht vom Job!

Quasimodo-Übung: Ziehen Sie die Schultern bis zu den Ohren hoch. Atmen Sie tief ein und bleiben Sie sieben Sekunden so. Dann atmen Sie kräftig durch den Mund aus. Lassen Sie dabei Schultern, Hände und Kopf leicht nach vorn fallen. Stellen Sie sich vor, dass Sie alle Menschen und Situationen, die sie ängstigen, einfach wegblasen. Das befreit zusätzlich.

Flying Eagle-Übung: Sie breiten Ihre Arme aus, die Handflächen sind dabei nach unten gerichtet. Strecken Sie sich ein wenig und schwingen Sie mit den Armen locker auf und ab. Schließen Sie dabei die Augen, und stellen Sie sich vor, wie Sie eine malerische Bergkette überfliegen, die Freiheit der Lüfte erleben, bis Sie kraftvoll und sicher wieder an Ihrem Schreibtisch landen.

Tropfenmassage: Stellen Sie sich vor, dass Regentropfen einmal zart, einmal kräftig auf Ihr Gesicht fallen. Klopfen Sie mit den Fingerkuppen auf Gesicht, Kopf, Schultern und Nacken.

Der Balancing-Tipp

Fragen Sie sich selbstkritisch, ob Sie wirklich gesund und vital sein wollen und was Sie tagtäglich dafür zu tun bereit sind. Der Körper benötigt, genau wie der Geist, die Abwechslung von Anspannung und Ruhe. Nehmen Sie bewusster wahr, was Ihr Körper gerade braucht. Das kann ein kurzer Spaziergang an der frischen Luft sein, Dehnübungen oder auch ein Powersprint. Stressabbau ist mehr, als sich einmal pro Woche im Fitness-Studio komplett auszupowern. Lassen Sie den Leistungsgedanken einmal beiseite. Spüren Sie in sich hinein und entscheiden Sie immer wieder neu, welche Art des Auftankens Sie heute benötigen.

Ernährung

Mit welchen Speisen und Getränken bleiben Sie fit und leistungsfähig?

Geistige Vitalität und körperliches Wohlbefinden ist eine gute Sache – nur kommt diese nicht ausschließlich dank mentaler Gedankenkraft, sondern durch gezielte und prophylaxeorientierte Ernährung. Lecker soll es auch noch sein, denn die Sinne essen schließlich mit. Betrachten Sie Ihren Körper nicht länger als wartungsfreie Trägerrakete, sondern als Mega-Organ, welches Ihren Geist, Intellekt und Ihre Seele umhüllt und schützt. Gerade wenn Sie viel leisten müssen, sollten Sie achtsam damit sein, was Sie Ihrem Körper »zum Auftanken« anbieten. In einen Hochleistungsmotor füllt man schließlich auch kein altes, verbrauchtes Maschinenöl und erwartet dann ein Spitzen-Drehmoment.

Nachfolgend sind die wichtigsten Inhaltsstoffe (Vitamine) von Lebensmitteln aufgelistet, die unser Körper täglich für den Aufbau der notwendigen Funktionen und Energien benötigt. Die beispielhaft genannten Lebensmittel sollen Ihnen dabei helfen (siehe Zirka-Mengenangaben), in der Kantine oder im Restaurant gezielter auf eine ausgewogene Ernährung achten zu können und sich sowohl schmackhafte, als auch sinnvolle Nahrungsmittel (Frühstück, Hauptgerichte, Beilagen, Desserts) auszuwählen. Zum besseren Merken sind die angegebenen Nahrungsmittel in aufsteigender Reihenfolge gelistet und entsprechen jeweils dem durchschnittlichen Tagesbedarf eines Erwachsenen:

Welche Lebensmittel sind die besten Vitaminquellen für den Körper?

- Betakarotin: 50g rote Paprika, Spinat oder Grünkohl; 100g Möhren; 200g Feldsalat; 200g Aprikosen; 400g Sauerkirschen.
- Biotin: 50g Rinderleber; 150g Haselnüsse oder frische Erdnüsse; 200g Schweineleber; 310g Champignons; 500g Äpfel; 2 Eier.

- Folsäure: 25g Bierhefe; 50g Hühnerleber; 60g Weizenkeime; 90g Rinderleber; 150g Schweineleber; 250g Nüsse; 330g Rote Beete; 380g Spinat; 750g Tomaten; 5 Eier.
- Niacin: 100g frische Erdnüsse; 110g Kaffeebohnen; 120g Rinder- oder Schweineleber; 180g Geflügel oder Sardinen; 280g Rind- oder Schweinefleisch; 290g Heilbutt; 360g Champignons.
- Pantothensäure: 75g Hühnerleber; 100g Rinder- oder Schweineleber; 170g Sonnenblumenkerne; 230g frische Erdnüsse; 300 g Champignons; 2 Eier; 400g Wassermelone; 460g Broccoli; 1,7l frische Vollmilch.
- Vitamin A: 10g Schweine- oder Rinderleber; 4g Lebertran; 90g Aal; 200g Tunfisch; 250g Camembert; 300g Mozarella.
- Vitamin B1: 50g Sonnenblumenkerne; 50g Weizenkeime; 120g Schweinekotelett; 130g Hühnerbrust; 160g Haferflocken; 180g Kichererbsen; 400g Weizenvollkornbrot.
- Vitamin B2: 60g Rinder- und Schweineleber; 140g Leberwurst; 270g Camembert oder Roquefort; 4 Eier; 350g Champignons; 470g Makrelen oder Lachs.
- Vitamin B6: 60g Keime; 160g Lachs oder Sardinen; 180g Walnüsse; 250g Makrelen; 250g Rinder- oder Schweineleber; 250g Vollkornreis; 270g Linsen; 300g Geflügel.
- Vitamin B12: 5g Rinderleber; 8g Schweineleber; 35g Makrelen oder Hering; 60g Schweinefleisch; 95g Camembert; 100g Lachs; 100g Rind- oder Lammfleisch; 300g Speisequark; 600g Jogurt; 2 Eier.
- Vitamin C: 7g Hagebutte; 15g Sanddornbeere; 40g schwarze Johannisbeere; 50g Paprika; 60g Rosenkohl oder Broccoli; 100g Erdbeeren; 120g Zitrusfrüchte; 150g Spinat; 300g Kiwi.
- Vitamin D: 2g Lebertran; 20g Hering; 30g Lachs; 70g Sardinen; 100g Heilbutt oder Seezunge; 100g Avocados; 150g Champignons; 150g Schmelzkäse; 2 Eier.
- Vitamin E: 5g Weizenkeimöl; 25g Sonnenblumenöl; 50g Haselnüsse; 80g Hering oder Makrelen; 120g Erdnüsse; 300g Krabben.
- Vitamin K: 5g Sauerkraut; 15g Rosenkohl; 20g Geflügel; 25g Spinat oder Blumenkohl; 55g Broccoli; 60g Kalbsleber; 140g Kartoffeln oder Speisequark; 150g Spargel; 540g Erdbeeren.

Auf den Punkt gebracht: Wie und mit welchen Speisen halten Sie Ihren Körper, aber auch Ihre geistige Vitalkraft, fit und leistungsfähig?

Wie steht es um Ihre Essgewohnheiten?

Mal eben im Vorbeigehen ein Schaschlik oder einen Döner Kebab zu verdrücken mag befriedigend sein, schadet jedoch auf Dauer sowohl Ihrem Wohlbefinden, als auch Ihrem Stoffwechsel. Natürlich dürfen Sie sich das hin und wieder gönnen, doch ein Spitzenkörper braucht auch Spitzennahrung, nicht wahr? Hier ein paar Tipps, wie Sie Ihre Mahlzeiten zusammenstellen sollten, um den täglichen Energiebedarf zu erzeugen und Ihren Körper nicht allzu sehr zu belasten.

Frühstück: Achten Sie auf eine ausgewogene Zusammenstellung. Vollkornprodukte sind Weißbrot vorzuziehen. Beim Belag sollten Sie zwischen fettarmem Käse, magerer Wurst und Gemüsescheiben abwechseln. Auch Müsli mit Milch oder Jogurt mit etwas Obst oder ein Glas Orangensaft bieten einen hervorragenden Start in den Tag. Denn ein reichhaltiges Frühstück hebt unseren Blutzuckerspiegel nach der Nacht wieder an und erhöht unsere Konzentrations- und Leistungsfähigkeit. Das Allerwichtigste jedoch ist Ruhe. Frühstücken Sie, wenn möglich, mit Ihrer Familie oder Ihrem Partner.

Merke: Alternativ kann ein gemeinsames Frühstück mit Ihren Kollegen im Büro stattfinden. Hier lässt sich in gemütlicher Runde schon das eine oder andere Problemchen friedlich und ohne viel Stress lösen. Nebenbei wird auch noch das Arbeitsklima gestärkt und gefördert.

Snacking: Unser Körper ist auf eine ausreichende Energiezufuhr angewiesen. Ist wenig Blutzucker vorhanden, fühlen wir uns schlapp, müde und unkonzentriert. Das kann man bereits am späteren Vormittag bemerken. Das bedeutet, dass Sie ohne schlechtes Gewissen zwischen den Hauptmahlzeiten eine kleine Zwischenmahlzeit einlegen können und sogar sollen. Essen Sie also ein Stück Obst, Jogurt oder einen Müsliriegel. Hin und wieder kann das auch ruhig ein kleines Stück Schokolade sein. Nehmen Sie sich Zeit und genießen

Sie den Snack. Sie brauchen sich nicht vor einer Gewichtszunahme fürchten. Im Gegenteil: Häufigeres Essen steigert das Wohlbefinden und wirkt positiv auf die Gesundheit.

Mittag- und Abendessen: Was immer Sie essen – es sollte nicht zu viel sein. Eine Megaportion belastet den Körper, und gerade im Büro kann somit die Sehnsucht nach einem kleinen Mittagsschläfchen bis zur Unerträglichkeit ansteigen. Versuchen Sie, fette Speisen und Soßen zu vermeiden. Bevorzugen Sie stattdessen leichte Salate und kohlenhydratreiche Lebensmittel, wie Gemüseauflauf, Kartoffeln und Reis. Durch den hohen Ballaststoffanteil dieser Lebensmittel fühlen Sie sich länger satt, und Heißhungerattacken nach Büroschluss bleiben aus. Lassen Sie sich Zeit und stressen Sie sich nicht. Wenn Sie trotz allem nach Dienstende oder später am Abend Appetit auf salzig-fettige Debrecziner oder Ähnliches verspüren sollten, bedenken Sie bitte, dass spätabends fette Speisen schwer verdaulich sind und nur überschüssige Schwabbelbauch-Kalorien darstellen.

Merke: Ernährungswissenschafter haben festgestellt, dass diejenigen, die mehrmals täglich essen, normalerweise eine größere Vielfalt unterschiedlicher Nährstoffe zu sich nehmen als jene Menschen, die nur drei Hauptmahlzeiten konsumieren. Wer stundenlang nichts isst, verspürt oft Heißhunger und isst dann eventuell mehr, als er eigentlich müsste.

Gemüse & Co.: Sie sollten versuchen, pro Tag fünf Portionen Obst und Gemüse zu sich zu nehmen. Das entspricht ungefähr 600g. »Unmöglich« denken Sie? Überhaupt nicht! Zu jeder Mahlzeit eine Portion Salat, einen Apfel oder eine Banane als Zwischenmahlzeit und Sie schaffen das Ganze spielend. Warum so viel Grünzeug? Viele Studien weisen darauf hin, dass die Inhaltsstoffe von Obst und Gemüse das Risiko von so genannten Zivilisationskrankheiten wie Krebs oder Herz-Kreislauf-Erkrankungen stark reduzieren können. Am gesündesten ist hierbei die Zubereitung als »gedünstetes Gemüse« oder kurz gebraten als Wok-Variante. Natürliche Lebensmittel enthalten noch diejenigen feinstofflichen Schwingungen und Informationen, die unser Körper bestens versteht und somit leicht aufschlüsseln und verwerten kann.

Merke: Rohkost (Obst und ungedünstetes Gemüse) sollte niemals am Abend verzehrt werden, da durch die verlangsamte Darmtätigkeit unangenehme Gärungs- und Fäulnisprozesse ablaufen, die die Organe und damit den gesamten Körper unnötig belasten.

Getränke: Flüssigkeit ist von immenser Wichtigkeit für den menschlichen Körper. Wir brauchen täglich mindestens zwei bis drei Liter Flüssigkeit. Durch Hitze und körperliche Betätigung steigt der Wasserbedarf um ein Vielfaches. Welche Getränke sind nun am besten? Leitungs- oder Mineralwasser, Kräuter- und Früchtetees eignen sich ideal zum Auffüllen unserer Wasserreserven. Auch Fruchtsäfte sind zu empfehlen. Da diese Zucker und daher auch viele Kalorien enthalten, sollten sie mit Mineralwasser verdünnt werden. Kaffee und alkoholhaltige Getränke sind keine geeigneten Durstlöscher für zwischendurch, da sie harntreibend wirken, und so die aufgenommene Flüssigkeit schnell wieder verloren geht.

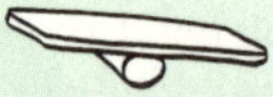

Der Balancing-Tipp

In Stresszeiten werden die Vitamine B1 und B6 besonders stark verbraucht. Vitamin B1 ist zum Beispiel reichlich in Schweinefilet, Hühnerbrust (oder Haut), grünen Erbsen, Sojabohnen und Haferflocken enthalten; Vitamin B6 in Lachs, Sardinen, Kalbsleber, Avocado und Kartoffel. Versuchen Sie auch, in Stresszeiten genügend Mineralstoffe wie Magnesium zu sich zu nehmen. Magnesium ist zum Beispiel stark enthalten in Naturreis, Haferflocken, Pumpernickel, Sojabohnen, Kürbis- oder Sonnenblumenkernen und Bananen.

Helpful Informations

Netzwerke und Institutionen

Suchen Sie weiterführendes Material zum Thema oder haben sich entschieden, sich selbst ein wenig auf den Zahn zu fühlen? Bravo! Denn der erste Schritt besteht aus der Erkenntnis, dass Sie mehr Dinge beeinflussen können, als Sie möglicherweise meinen.

Coaching ist ein persönliches Training mit individueller Entwicklungsarbeit oder aktueller Hilfestellung im beruflichen Kontext (das private Umfeld kann meist miteinbezogen werden, wenn dies vom Coaching-Kunden gewünscht wird).

Angeboten werden Seminare, Workshops, Trainings, Projekte, Gutachten, Analysen und Informationen. Die Ziele sind klar: Die Dinge beim Namen nennen, Entscheidungen treffen, Rollen klären, alternative Möglichkeiten entdecken, ins Handeln kommen, kreativ werden, Vertrauen lernen, den eigenen Wert bestimmen, sowie neue Ziele und Perspektiven finden.

Coachings und Seminare für Balancing, Selbsterkenntnis (psychologisch/körperlich), sowie für die Vereinbarkeit von Familie und Beruf sprießen mehr und mehr wie Pilze aus dem Boden. Aus diesem Grund lohnt es sich, die angebotenen Hilfen genau zu prüfen. Auch Coachings kosten schließlich Zeit und Geld – und das sollte gut und richtig investiert sein. Fragen Sie zu diesem Thema auch Kollegen, Freunde und Bekannte, ob diese unter Umständen Tipps oder gar Erfahrungswerte parat haben. Bevor Sie sich durch das Dickicht wühlen, möchte ich Ihnen nachfolgend ein paar Hinweise geben, wo Sie einen ersten Kontakt im Hinblick auf Netzwerke und Coachings knüpfen können beziehungsweise erste Informationen zu Themen und Angeboten erhalten. Den richtigen Coach für sich zu bestimmen ist immer Vertrauenssache, und so kann die hier gegebene Auswahl an Adressen nur ein erster Anhaltspunkt sein (keine Empfehlungsliste!), um Ihnen die Recherche zu erleichtern.

Auf den Punkt gebracht:
Wo finden Sie Institutionen und Netzwerke mit dem Schwerpunkt Balancing, Familie und Beruf?

Nachfolgend eine kleine Auswahl an Anbietern, die sich auf die Themen Balancing, Selbsterfahrung sowie Vereinbarkeit von Familie und Beruf fokussiert und spezialisiert haben. Diese bieten Ihnen ein reichhaltiges Angebot (Informationen, Kontaktstellen, Seminare, Workshops, Trainings und vieles mehr) an und stehen Ihnen mit Rat und Tat zur Seite. Ich möchte noch darauf hinweisen, dass die aufgelisteten Adressen nur eine Auswahl darstellen.

- work & life
  forschung · beratung · organisation
  Köslinstraße 55, D-53123 Bonn
  Tel.: 0228/962891-00, Fax: 0228/962891-01
  info@work-and-life.de, www.work-and-life.de
- Familienservice Berlin
  (zusätzlich deutschlandweite Geschäftsstellen!)
  Flottwellstr. 4-5, D-10785 Berlin
  Tel.: 030/269371-0, Fax: 030/269371-21
  berlin@familienservice.de, www.familienservice.de
- Fauth-Herkner & Partner
  Neue Wege für die Arbeitswelt
  Wolfratshauser Str. 203a, D-81479 München
  Tel.: 089/749142-0, Fax: 089/749142-29
  info@Arbeitswelt.de, www.arbeitswelt.de
- balancing consult
  Brigitta Kreß, Dipl.-Soziologin
  Röderbergweg 138, D-60385 Frankfurt/M.
  Tel.: 069/949427-40, Fax: 069/949427-41
  brigitta.kress@balancing-consult.de, www.balancing-consult.de
- SEIWERT-INSTITUT GMBH
  Adolf-Rausch-Str. 7, D-69124 Heidelberg
  Tel.: 06221/7877-0, Fax: 06221/7877-22
  Service-Telefon: 07000-SEIWERT oder 07000/734 93 78
  info@seiwert.de, www.seiwert.de, www. bumerang-prinzip.de

- KENSHO
  Institut für Bewusstseinsentwicklung und
  spirituelle Psychologie
  Gewürzmühlstr. 17, D-80538 München
  Tel.: 089/222096, Fax: 089/2913688
  kensho@nicolaus-klein.de, Internet: ohne Angabe
- CTC Ralf Hungerland
  Adalbert-Kaiser-Str. 16,
  D-26188 Edewecht
  Tel.: 04405/9257-63
  Fax: 04405/9257-64
  info@ctc-hungerland.de, www.ctc-hungerland.de
- Jan O. Deiters
  Talstr. 9, D-61273 Wehrheim
  Tel.: 06081/12398, Fax: 06081/12394
  smile@deiters.org, www.deiters.org

Webtipp: Es gibt eine Vielzahl von Anbietern, die unter anderem mit diesen Themen betraut sind. Nutzen Sie die folgende Plattform, um sich eingehend über weitere Seminar- und Schulungsmöglichkeiten zu informieren: **www.seminarmarkt.de**.
Des Weiteren stehen Ihnen für Ihre spezifischen Anforderungen und Bedürfnisse diverse Internet-Suchhilfen (zum Beispiel unter **www.google.de** oder **www.metacrawler.de**) zur Verfügung.

Erste-Hilfe-Kontaktadressen

Neben zahlreichen beruflichen Hürden, können selbstverständlich auch andere Problematiken von uns selbst, der Familie oder dem Beruf ablenken und so blockieren, dass die Arbeitsleistung und das persönliche Befinden stark in Mitleidenschaft gezogen werden. Meist sind es die weniger erfreulichen Aspekte des menschlichen Daseins, die uns auf den Boden der zu bewältigenden Tatsachen zurückholen und uns zwingen, genauer hinzuschauen und neue Wege einzuschlagen. Da Krisenbehaftetes gern nur aus der Distanz beäugt wird, möchte ich Ihnen mit dem nachstehenden Verzeichnis »die ersten Schritte« erleichtern und Sie damit auffordern, sich der Realität zu stellen, sollten Sie oder eine Ihnen nahe stehende Person sich in einer solchen misslichen Situation befinden.

Der Umstand, dass diese Themen in der Öffentlichkeit immer noch um Akzeptanz ringen und damit leider meist die Betroffenen isolieren, soll Sie nicht schrecken. Sie sollten sich bei einem eventuellen Konflikt gezielt einer Person anvertrauen, die sich mit diesem Problem auskennt und Ihnen kompetent zur Seite stehen kann. Dass dies in den meisten Fällen nicht Ihre beste Freundin sein kann, liegt sicher nicht an Ihrer Freundin, sondern an der Art des Problems. Dass Sie nicht alleine dastehen mit ihrer Angst, wird Ihnen schnell klar, wenn Sie die Bandbreite der angebotenen Selbsthilfegruppen und Organisationen überschauen. Quälen Sie sich nicht länger, denn hier gilt das Gleiche, wie bei gezielten Berufspraktiken: erkennen – analysieren – bewusst bewältigen.

Allgemeine soziale Dienste und Selbsthilfegruppen

Der Einfachheit halber sind hier, falls vorhanden, jeweils die Bundesgeschäftsstellen genannt. Diese können Sie bei Bedarf an eine Geschäftsstelle in Ihrer Nähe verweisen.

- Terre des Femmes
  Postfach 2565, D-72015 Tübingen
  Tel.: 07071/7973-0, Fax: 07071/7973-22
  tdf@frauenrechte.de, www.frauenrechte.de
  Beschreibung: Gemeinnützige Menschenrechtsorganisation, die durch internationale Vernetzung, Öffentlichkeitsarbeit, Aktionen, Einzelfallhilfe und Förderung von einzelnen Projekten Frauen und Mädchen unterstützt. Sie tritt für die Rechte von Frauen ein – ungeachtet ihrer konfessionellen, politischen, ethnischen und nationalen Angehörigkeit.
- Selbsthilfezentrum München
  Bayerstr. 77a, D-80335 München
  Tel.: 089/53295611, Fax: 089/53295660
  www.shz-muenchen.de
  Beschreibung: Beratung und Information über das Angebot der Selbsthilfeinitiativen in München und Umgebung: Gesundheit; Behinderung; soziale Themen; Frauen- und Männerinitiativen; Sucht; psychosoziale Probleme; Eltern-Kind-Bereich; Umwelt; bürgerschaftliches Engagement. Beratung und Information bei Organisations- und Finanzierungsfragen. Unterstützung bei der Suche nach Gleichgesinnten oder bei der Neugründung von Gruppen sowie bei der Umsetzung neuer, beispielhafter Ideen und der Arbeit bestehender Gruppen. Fortbildung zu verschiedenen Aspekten der Selbsthilfe und Selbstorganisation.
- Nationale Kontaktstelle für Selbsthilfegruppen e.V. (NAKOS)
  Wilmersdorfer Str. 39, D-10627 Berlin
  Tel.: 030/310189-60, Fax: 030/310189-70
  selbsthilfe@nakos.de, www.nakos.de,
  Beschreibung: NAKOS ist eine nationale Kontakt- und Informationsstelle zur Anregung und Unterstützung von Selbsthilfegruppen.

Themenspezifische Kontaktstellen

Auch außerhalb des Berufslebens kann man in Situationen geraten, die einem den beruflichen Alltag erheblich erschweren können. Damit Sie sich diffuse Spekulationen zum Sachverhalt ersparen, sollten Sie bei gravierenden Problemen informiert sein und die Möglichkeit haben, konkrete Hilfe und Unterstützung zu erhalten. Der Einfachheit halber ist die Auswahl der unten stehenden Vereine und Verbände in alphabetischer Reihenfolge dargestellt.

AIDS und HIV

- AIDS-Aufklärung e.V.
  Heddernheimer Kirchstr. 14, D-60439 Frankfurt a.M.
  Tel.: 069/762933, Fax: 069/761055, www.aidsaufklaerung.de
  Beschreibung: Der Verein fördert die Information über die HIV-Infektion und bietet anonyme telefonische und persönliche Beratung in deutscher und englischer Sprache. Kostenlose Aufklärungsgespräche und -veranstaltungen für Kindergärten, Schulen, Betriebe, Vereine, private Gruppen. Kostenloser Versand von eigenen und anderen Informationsmaterialien.

Alkoholismus

- Anonyme Alkoholiker Interessengemeinschaft e.V.
  Postfach 46 02 27, D-80910 München
  Tel.: 089/3169500, www.anonyme-alkoholiker.de
  Beschreibung: Eine Gemeinschaft von Männern und Frauen, die miteinander ihre Erfahrung, Kraft und Hoffnung teilen, um ihr gemeinsames Problem zu lösen sowie sich und anderen zur Genesung vom Alkoholismus zu verhelfen. Die einzige Voraussetzung für die Zugehörigkeit ist der Wunsch, mit dem Trinken aufzuhören.
  Hinweis: Falls Sie nicht persönlich betroffen sind, sondern ein Ihnen nahe stehender Mensch ein Alkoholproblem hat, würde ich Ihnen empfehlen, sich mit den Al-Anon-Familiengruppen in Verbindung zu setzen. Neben den Selbsthilfegruppen für Freun-

de und Angehörige von Alkoholikern, gibt es auch noch spezielle Selbsthilfegruppen für Kinder (Alateen) und erwachsene Kinder (Al-Anon) aus alkoholkranken Familien.

- **Die Al-Anon-Familiengruppen erreichen Sie unter:**
  Al-Anon/Alateen, Zentrales Dienstbüro
  Emilienstr. 4, D-45128 Essen
  Tel.: 0201/7730-07, Fax: 0201/7730-08
  al-anon.zdb@t-online.de, www.al-anon.de

Behinderung

- **Allgemeiner Behindertenverband in Deutschland e.V. (ABiD)**
  Am Köllnischen Park 6/7, D-10179 Berlin
  Tel.: 030/27593429, Tel.: & Fax: 030/27593430
  abid.bv@t-online.de, www.abid-ev.de
  Beschreibung: Allgemeiner Behindertenverband in Deutschland. Interessenvertretung für Selbstbestimmung und Würde.

Drogenberatung

- **Selbsthilfe junger Abhängiger**
  Große Hamburger Str. 18, D-10115 Berlin
  Tel.: 030/2805112, Fax: 030/2826574
  sh.junger.abh@caritas-berlin.de
  Beschreibung: Beratung; Fortbildung; Selbsthilfe-/Gruppenangebote; gesundheitliche Aufklärung; gegenseitige Hilfe; Hilfestellung/Betreuung; allgemeine Information; Öffentlichkeitsarbeit. Bundesweite Koordinationsstelle der Caritas.

- **Bundesverband der Elternkreise drogengefährdeter und drogenabhängiger Jugendlicher e.V. (BVEK)**
  Ansbacher Str. 11, D-10787 Berlin
  Tel.: 030/5567020, Fax: 030/5567021
  bvek@snafu.de, www.snafu.de/bvek
  Beschreibung: Fortbildung; Selbsthilfe-/Gruppenangebote; allgemeine Information; Öffentlichkeitsarbeit; Seminare/Kurse; Veranstaltungen/Vorträge.

Eltern

- **Verband alleinerziehender Mütter und Väter e.V. (VAMV)**
  Hasenheide 70, D-10967 Berlin
  Tel.: 030/695978-6, Fax: 030/695978-77
  Kontakt@vamv-bundesverband.de, www.vamv.de
  Beschreibung: Familien- und Frauenverband. Vertritt in Zusammenarbeit mit anderen bundesweiten Organisationen und Verbänden die Interessen von Einelternfamilien. Darüber hinaus informiert er Alleinerziehende sowie Presse und Öffentlichkeit in seinen sechsmal jährlich erscheinenden »Informationen für Einelternfamilien« und gibt ein regelmäßig aktualisiertes Taschenbuch heraus: »Alleinerziehend – Tipps und Informationen«.
- **Verwaiste Eltern in Deutschland e.V.**
  Fuhrenweg 3, D-21391 Reppenstedt
  Tel.: 04131/6803232, Fax: 04131/681140
  Kontakt@veid.de, www.veid.de
  Beschreibung: Informationsveranstaltungen zu Trauer und Verlust; Entwicklung neuer Konzepte für die Trauerbegleitung von Eltern, Geschwistern und Angehörigen; Beteiligung an Forschungsprojekten; Informationen über Trauerseminare; Supervision für berufliche Helfer; Unterstützung bei Neugründung von Gruppen für trauernde Eltern und Geschwister in der gesamten Bundesrepublik; Kooperation mit Krankenkassen für die finanzielle Unterstützung der Elterngruppen; Vermittlung bundesweiter Aus- und Weiterbildungsangebote für involvierte Berufsgruppen (Seminare, Workshops); Öffentlichkeitsarbeit.

Erziehung

- **Arbeitsgemeinschaft für Erziehungshilfe e.V. (AFET)**
  Osterstr. 27, D-30159 Hannover
  Tel.: 0511/353991-3, Fax: 0511/353991-50
  info@afet-ev.de, www.afet-ev.de
  Beschreibung: Bearbeitung von Grundsatzfragen; Erarbeitung fachpolitischer Stellungnahmen; Stellungnahmen für die Gesetz-

gebung; Transfer von wissenschaftlichen Erkenntnissen in die Praxis; Anregung und Förderung von Forschungsvorhaben; Einflussnahme auf die Entwicklung von Ausbildung, Fortbildung und Berufspraxis; Informations- und Erfahrungsaustausch; Beratung und Arbeitshilfen für den praktischen Alltag.

Essstörungen

- **Aktionskreis Ess- und Magersucht, Cinderella**
  Westendstr. 35, D-80339 München
  Tel.: 089/5021212, Fax: 089/5022575
  Cinderellaberatg@AOL.com
  www.cinderella-rat-bei-essstoerungen.de
  Beschreibung: Förderung von Forschung; Selbsthilfe-/Gruppenangebote; gesundheitliche Aufklärung; gegenseitige Hilfe; Kontakt zu Ärzten/innen; Krisenintervention; Öffentlichkeitsarbeit; Prävention; Veranstaltungen und Vorträge.
- **Frankfurter Zentrum für Essstörungen**
  Hansaallee 18, D-60322 Frankfurt a.M.
  Tel.: 069/550176, Fax: 069/5961723, www.fz-ess-stoerungen.de
  Beschreibung: Beratung; Fortbildung; Selbsthilfe-/Gruppenangebote; Seminare, Kurse und Tagungen; Therapieangebote.

Hoch begabtes Kind

- **Deutsche Gesellschaft für das hochbegabte Kind e.V.**
  Schillerstr. 4-5, D-10625 Berlin
  Tel.: 030/3435-6829, Fax: 030/3435-6925, www.dghk.de
  Beschreibung: Beratung hoch begabter Kinder und ihrer Eltern sowie ihrer Lehrkräfte, Erzieher, Psychologen, Pädagogen und Ärzte; Förderung von lokalen Elterngesprächskreisen, Diskussionskreisen und Förderkursen für hochbegabte Kinder; Interessenvertretung gegenüber Schulen und Schulbehörden; Öffentlichkeitsarbeit; Zusammenarbeit mit ausländischen Organisationen. Allgemeine Unterstützung und Beratung (unter anderem Beratungsbroschüre »Leben mit hochbegabten Kindern« – Schutzgebühr 5 Euro zuzüglich Porto).

Homosexualität

- **Bundesverband der Eltern, Freunde und Angehörigen von Homosexuellen e.V. (BEFAH)**
  Anton-Freytag-Straße 43, D-30823 Garbsen
  Tel.: 05131/478050, Fax: 05131/477320, www.befah.de
  Beschreibung: Der Verband bietet Rat suchenden Eltern, Angehörigen und Freunden Hilfe an. Er unterstützt die Bildung von Elternselbsthilfegruppen und organisiert gemeinsame Wochenenden sowie Tagungen für Information und Austausch.
- Lesben- und Schwulenverband in Deutschland e.V. (LSVD)
  Postfach 103414, D-50474 Köln
  Tel.: 0221/9259610, Fax: 0221/92596111, www.lsvd.de
  Beschreibung: Größte Bürgerrechts-, Selbsthilfe- und Wohlfahrtsorganisation für Lesben und Schwule in Deutschland.

Kriminalitätsprävention

- **Initiative Schutz vor Kriminalität e.V.**
  Otto-Braun-Straße 27, D-10178 Berlin
  Tel. & Fax: 030/2473548, www.isvk.de
  Beschreibung: Verbraucherberatung zum Schutz vor Gewalt und Kriminalität; Unterstützung der Verbrechensaufklärung; Förderung der wissenschaftlichen Erforschung von Verbrechensursachen und Entwicklung zeitgemäßer Aufklärungsmethoden; vorbeugender Brandschutz.
- **Weißer Ring e.V.**
  Weberstraße 16, D-55130 Mainz
  Tel.: 01803/343434 rund um die Uhr!, www.weisser-ring.de
  Beschreibung: Dies ist die einzige bundesweite Hilfsorganisation für Kriminalitätsopfer und ihre Familien. Persönliche Betreuung nach einer Straftat; Hilfestellungen im Umgang mit den Behörden; Erholungsprogramme; Beratungsscheck für die kostenlose Erstberatung bei einem frei gewählten Anwalt; Rechtsschutz; Begleitung zu Gerichtstermine; Vermittlung von Hilfen anderer Organisationen.

Selbstmordgefahr

- **Die ARCHE – Selbstmordverhütung und Hilfe in Lebenskrisen e.V.**
  Viktoriastr. 9, D-80803 München
  Tel. 089/334041, Fax: 089/395354, www.die-arche.de
  Beschreibung: Die ARCHE bietet ambulante Suizidprävention, Krisenintervention und Therapie für Menschen in Lebenskrisen, bei Suizidgefahr, sowie nach Suizidversuchen an. Zusätzlich werden Ehe- und Paarberatung, Angehörigenberatung, Beratung Hinterbliebener, Telefonberatung, Therapiegruppen und die Vermittlung von Therapieplätzen angeboten.
- **Hilfen für suizidgefährdete Kinder und Jugendliche e.V. (neuhland)**
  Nikolsburger Platz 6, D-10717 Berlin-Wilmersdorf
  Tel.: 030/8730111, Fax: 030/417283919, www.neuhland.de
  Beschreibung: Für Kinder und Jugendliche bis 25 Jahre, die nicht mehr weiterwissen und daran denken, sich das Leben zu nehmen. **neu**hland hilft durch Zuhören und Beraten (auch Angehörigenberatung!). Zusätzlich wird gemeinsam über neue Lebenswege nachgedacht. In Notfällen können Jugendliche vorübergehend in einer Krisenwohnung von **neu**hland aufgenommen werden. Diese Möglichkeit der Hilfen ist in Deutschland einmalig.

Sexuelle Gewalt

- **Bundesarbeitsgemeinschaft Prävention & Prophylaxe**
  Griembergweg 35, D-12305 Berlin
  Tel.: 030/765031-04, Fax: 030/765031-05
  info@praevention.org, www.praevention.org
  Beschreibung: Dieser Verband ist hauptsächlich im Bereich Prävention und Prophylaxe tätig. Vermittlung von Selbsthilfe-Kontakten an Betroffene und Angehörige.
- **Opferhilfe – Beratungsstelle**
  Paul-Nevermann-Platz 2–4, D-22765 Hamburg
  Tel.: 040/381993, Fax: 040/3895786
  mail@opferhilfe-hamburg.de, www.opferhilfe-hamburg.de

Beschreibung: Krisenintervention nach einem traumatischen Ereignis; psychotherapeutische Gruppen- und Einzelgespräche; praxisnahe Trainings für Mitarbeiter, Führungskräfte oder Ersthelfer; Fortbildungen und Beratung zu Themen wie Akutversorgung traumatisierter Menschen; Gewalt in der Ehe; Mobbing.

- **Incest Survivors Anonymous (I.S.A.)**
  Postfach 200920, 42209 Wuppertal
  (keine weiteren Kontaktinformationen)
  Beschreibung: Kontaktstelle und Selbsthilfegruppe für im Kindesalter Missbrauchte.

Sterben und Tod

- **Humanistischer Verband Deutschland (HVD)**
  Wallstr. 61–65, D-10179 Berlin
  Tel.: 030/613904-11, Fax: 030/613904-36
  mail@patientenverfügung.de, www.patientenverfuegung.de
  Beschreibung: Setzt sich bundesweit für humanes Sterben und Patientenschutz ein. Der HVD kümmert sich darum, dass Menschen am Lebensende nicht unnötig leiden müssen und keiner Willkür ausgesetzt sind. Darüber hinaus bietet er Fördermitgliedern und Mitgliedern solidarische und menschliche Mitwirkung sowie kompetente Unterstützung. Persönlicher Notfallpass.

Trennungen und Frauenrechte

- **Frauen ohne Recht nach Trennung und Ehe e.V. (FORTE)**
  Niebuhrstr. 63, D-10629 Berlin
  Tel. & Fax: 030/8927892
  Internet: Zurzeit noch nicht vorhanden.
  Beschreibung: Beratung für Frauen nach Trennung und Scheidung.

Ein übersichtliches Suchverzeichnis zu Selbsthilfegruppen und -netzwerken aller Art finden Sie unter:
www.netdoktor.de/wegweiser/selbsthilfe/alfa.asp?

Auf den Punkt gebracht: Wo und wie finden Sie schnelle Hilfe übers Internet?

Hier ein paar kurze Anhaltspunkte, wo Sie via Internet weitere Hilfe zu diversen und hoffentlich weniger tragischen Themen erhalten. Nehmen Sie sich in jedem Fall die Zeit, auf der jeweiligen Homepage (außer bei Suchmaschinen) die Kosten für Dienstleistungen und deren Geschäftsbedingungen genau zu studieren. Auch hier kann der Teufel im Detail stecken.

Rechtsbeistände, die Sie online erreichen: Sollten Sie schnelle Hilfe bei Rechtsfragen benötigen, können Sie diese bei einem Anwalt Ihres Vertrauens sowie bei zahlreichen Kanzleien erhalten, die auch online beraten und damit bei eiligen Entscheidungen oder akuten Konflikten zu Rate gezogen werden können. Die nachfolgende Auswahl kann helfen, unkonventionell erste Informationen zu dem Problem einzuholen, und damit die ersten Schritte erleichtern:

- www.kanzlei.de
  Hier finden Sie Informationen zu Gesellschaftsrecht, Onlinerecht, Wettbewerbsrecht, Domainrecht, kleine AG, Familienrecht, Scheidung, Internet-Sicherheit, und anderes. www.kanzlei.de bietet Ihnen auf zirka 2.000 Webseiten juristische Informationen. Darüber hinaus gibt es Links zu weiteren juristischen Angeboten.
- www.afs-rechtsanwaelte.de
  Erstberatung auch per E-Mail (€ 55,00 pauschal). Schwerpunkte: Erbrecht, Strafrecht, Arbeitsrecht, Familienrecht, Markenrecht, Kaufrecht, Insolvenzrecht, Verkehrsunfallrecht, Mietrecht.
- www.ksi-net.de/Fachbereiche/Recht/recht.html
  Beraterpool24: Deutsche Rechtsanwälte beraten Sie rund um die Uhr via Internet, außerdem Fachanwälte-Suchdienst. Die Themenschwerpunkte sind: Verkehrsrecht, Strafrecht, Ehe-, Familien- und Unterhaltsrecht, Arbeitsrecht, Verwaltungsrecht, Wirtschafts- und Vertragsrecht, Sozialrecht, Ausländerrecht, Miet- und Pachtrecht, Erbrecht, Grundstücks- und Nachbarschaftsrecht.

- www.jura-durchblick.de/Anwaelte.htm
  Anwälteverzeichnis, Rechtsanwälte Online, Fachanwältesuchdienst, Gebühren (Strafrecht), Fachanwaltordnung, Rechtsanwaltsgebühren, allgemeine Hinweise, Grundlagen, Gebührentabelle, Bundesrechtsanwaltskammer.
- www.rechtsfinder.de
  Deutscher Anwaltsuchdienst; zudem finden Sie Anwaltstipps, Berechnungen, Rechtsberatung, juristische Suchmaschine, Sachverständige und noch vieles mehr.

Suchmaschinen und -kataloge, nationale Suche: Hier sind die gängigsten Adressen gelistet, die speziell für die Suche nach nationalen Webseiten geeignet sind:
- www.google.de;
- www.yahoo.de;
- www.altavista.de;
- www.fireball.de;
- www.lycos.de.

Suchmaschinen und -kataloge, weltweite Suche: Bei der Suche nach internationalen Inhalten und Angeboten werden Sie fündig unter:
- www.infoseek.com;
- www.yahoo.com;
- www.excite.com;
- www.altavista.com.

Metasuchmaschinen und -kataloge: Übergeordneter Info-Pool, der alle gängigen Suchmaschinen kennt und nach Ihrem Stichwort durchsucht:
- www.metacrawler.de;
- www.metager.de;
- www.klug-suchen.de.

Hinweis: Die bei einer Suchmaschine ganz oben gelisteten Einträge müssen nicht zwangsläufig die meist besuchten Seiten sein! Oft handelt es sich um »gekaufte Links«, die auch als solche gekennzeichnet sein sollten. Also immer auch ein wenig weiter hinten stöbern – es lohnt sich.

Für Internet-Freaks und echte Online-Maulwürfe möchte ich noch einen allgemeinen Hinweis bezüglich Datenbanken geben, denn jeder hat seine bevorzugte Arbeitsweise und persönlichen Vorlieben im Umgang mit Suchmaschinen. Wer also gerne surft und Informationen möglichst mundgerecht bevorzugt, kann sich anhand des Webtipps einen Überblick über das Gesamtangebot verschaffen.

Mehr Informationen zum Thema Internetsuche gibt es unter **www.suchfibel.de**! Hier sind über 1.900 Suchmaschinen übersichtlich sortiert und nach Stichwörtern durchsuchbar.

Buchtipps

Hier sind für Sie zu einigen Themen dieses Ratgebers informative Literaturhinweise gelistet und übersichtlich – analog zum Inhaltsverzeichnis – zusammengestellt. Denken Sie stets beim Kauf eines Buches daran, nach der aktuellsten Auflage zu fragen sowie nach interessanten Neuerscheinungen zu den von Ihnen gewünschten Themen.

Balanced Business

Becker, Susanne: Teamentwicklung. Der effektive Weg zum »Wir«. Beck Verlag, München 2002.

Begemann, Petra: Don't panic. Den Chef im Griff. Eichborn Verlag, Frankfurt a.M. 2000.

Hartmann, Martin u.a.: Immer diese Meetings! Besprechungen, Arbeitstreffen, Telefon- und Videokonferenzen souverän leiten. Beltz, Weinheim/Basel/Berlin 2002.

Kleber, Barbara: Professioneller Umgang mit Informationsfluten. mi-verlag, Landsberg am Lech 2002.

Maaß, Evelyn/Ritschl, Karsten: Teamgeist. Spiele und Übungen für die Teamentwicklung. Junfermann Verlag, Paderborn 2000.

Ochmann-Kaunzner, Christine: Herzschrittmacher für Teams – Außergewöhnliches erreichen durch neues Teambewusstsein. Metropolitan, Regensburg 2001.

Spachtholz, Barbara: Stress und Angst überwinden. Das große Anti-Stress-Buch für Manager. Metropolitan, Regensburg 2002.

Stollreiter, Marc u.a.: Stress-Management: Das Waage-Programm®: Mehr Erfolg mit weniger Stress. Beltz, Weinheim und Basel 2000.

Stork, Edith: Logistik im Büro. Unordnung kostet Geld. Beltz, Weinheim und Basel ^{5}2001.

Vogelauer, Werner: Methoden-ABC im Coaching. Praktisches Handwerkszeug für den erfolgreichen Coach. Luchterhand Fachbuch, Neuwied 2001.

Balanced Personality

Comte-Sponville, André: Ermutigung zum unzeitgemäßen Leben – Ein kleines Brevier der Tugenden und Werte. Rowohlt Verlag, Hamburg 1998.

Dulabaum, Nina L.: Mediation: Das ABC. Die Kunst in Konflikten erfolgreich zu vermitteln. Beltz, Weinheim/Basel/Berlin [4]2003.

Frosch, Herbert: Im Netz der Beziehungen. Soziale Kompetenz zwischen Kooperation und Konfrontation. Junfermann Verlag, Paderborn 2002.

Furman, Ben: Es ist nie zu spät, eine glückliche Kindheit zu haben. Verlag modernes lernen, Dortmund 1999.

Seiwert, Lothar J.: Life-Leadership. Sinnvolles Selbstmanagement für ein Leben in Balance. Campus, Frankfurt a.M./New York 2001.

Sprenger, Reinhard K.: Vertrauen führt. Worauf es in Unternehmen wirklich ankommt. Campus, Frankfurt a.M./New York 2002.

Balanced Specials

Begemann, Petra: Don't panic. Der erfolgreiche Jobwechsel – wie Sie Chancen nutzen und Fehler vermeiden. Eichborn Verlag, Frankfurt a.M. 2001.

Glaubitz, Uta: Durchstarten in einen neuen Job. Falken Verlag, Niedernhausen 2000.

Kirschbaum, Günter/Naujoks, Wilfried: Erfolgreich in die berufliche Selbstständigkeit. Haufe Verlag, Freiburg 2002.

Kolodej, Christa: Psychoterror am Arbeitsplatz und seine Bewältigung. Mit zahlreichen Fallbeispielen. WUV Universitätsverlag, Wien 1999.

Nöllke, Matthias: Erste Hilfe. Konflikte mit Kollegen und Chefs. Haufe Verlag, Freiburg 2000.

Balanced Exercises

Dahlke, Rüdiger: Reisen nach Innen – Geführte Meditationen auf dem Weg zu sich selbst. Heyne Verlag, München 1998.

Hennig, Hans-Jörg: Immer locker bleiben! 70 Wohlfühl-Übungen für Büro, Seminar und Schule. Beltz, Weinheim und Basel 2001

Spachtholz, Barbara: Relax. Die neue Entspannungskultur – mehr Power durch gezielte Kurzprogramme. Walhalla Fachverlag, Regensburg 1999.

Stichwortverzeichnis

Abhängigkeit, emotionale 36
Aggression 141
Anerkennung 38, 42, 90, 126
Angst 41, 102, 125-126
Anspannung 141
Anti-Stress-Tipps 133
Arbeits- und Tagesstruktur 133
Arbeitsklima 80
Arbeitsleistung 80
Arbeitsplatzgestaltung 111
Arbeitsvertrag 124
Atmung 138
Ausgeglichenheit 90, 133, 137
Autogenes Training 54

Balancing 14
Bedürfnispyramide 125
Behinderung 156
Beruf 23, 28, 104-105, 150, 153
Beschwerden, psychosomatische 107
Betriebsklima 73, 122
Bilder, innere 53
Bildschirmarbeitsverordnung 112
Biorhythmus 133, 140
Blickkontakt 60

Craniosacral Balancing® 21

Dehn- und Entspannungsübungen 55, 133, 141
Drogenberatung 156

Eigeninitiative 54, 68, 122
Eigenverantwortung 97
Einwandbehandlung 44
Eltern 97-98, 104, 157
Emotion 60
Empathie 37, 77
Energie, schöpferische 85
Energiefluss 55
Energieverlust 55
Engagement 48, 71, 128, 133
Entscheidung treffen 57
Entspannung 54, 137
Erholungsphase 134, 140
Ermüdungszustand 140
Ernährung 144
Erziehung 157
Essstörungen 158
Existenzberatung 129
Existenzgründungsprogramme, staatliche 129

Fairness 72, 91, 100
Familie 22-23, 28, 86, 98, 104, 107, 125, 141, 150, 153
Feedback 43, 46, 70, 95
Feng Shui 114
Flexibilität 72, 123
Flying Eagle-Übung 142
Follow-up-Gespräch 95
Fördermittel 129
Förderprogramm 129
Freunde 22, 29, 141
FRIEDE-Konzept 50
Frust 13, 64, 97
Führungs-Audit 75
Führungsqualitäten 25

Führungsrolle 38

Gemüse 147
Gesprächsführung 79, 91
Gesprächskultur 79
Getränke 148

Hektikfalle 54
Hilfeleistung, unterlassene 80
Hilflosigkeit 98

Ich-Botschaft 60
Identitätskrise 97
Institutionen 151

Job-Enrichment 74
Jobverlust 125
Jobwechsel 123

Karriereplanung 122
Kind, hoch begabtes 158
Kinder 15, 28, 104
Kommunikation 28, 36, 46, 108, 126
Kommunikationsfähigkeit 72, 77
Kompetenz, fachliche 14
Kompetenz, soziale 16
Kompromiss 59, 61
Konflikt 12, 26, 40, 78, 81, 153
Konfliktgespräch 40
Konfliktkompetenz 79
Konfliktreaktion 79-80
Konfliktvermeidung 42
Kontaktstellen 155
Konzentrationsfähigkeit 140
Körper 54, 135, 137, 144
Körperhaltung 60
Körpersprache 77, 94
Kräfte, schöpferische 141
Kraftzentrum, inneres 25
Kritik 44, 46, 49
Kritik, konstruktive 70
Kritikfähigkeit 72
Kritikgespräch 94
Kundenbindung 43
Kundendienst 46
Kündigung 124
Kurzmeditation 138

Lebensplanung 23, 126
Leistungshoch 65
Leistungsstörung 105
Lichtverhältnisse, optimale 112

Manipulierbarkeit 98
Meditation 134
Misserfolg 86-87
Mitarbeitergespräch 49
Mobbing 116, 121
Motivationskriterien 69
Motive 61, 119

Nahrungsmittel 144
Nasenatmung, wechselseitige 137
Netzwerk 29, 88, 127

Organisationen 153
Orientierungslosigkeit 98

Partner 28
Partnerschaft 15
Perspektiven 150
Privatleben 23, 105
Probleme 40, 61, 90, 92, 101

Qi-Atmung 142
QUA Balancing 20
Qualifikation 127
Quasimodo-Übung 142

Realitätsflucht 105
Rei-Ki-Balancing® 19
Response-Phase 70
Rivalität 60
Ruhe 30

Schuldgefühle 104, 110, 132
Selbsterkenntnis 150
Selbstgespräch 27, 53

Selbsthilfegruppen 153-154
Selbstmordgefahr 160
Selbstsicherheit 87
Selbstständigkeit 126
Selbstverwirklichung 126
Selbstwahrnehmung 102
Selbstwert 19, 27
Selbstwertgefühl 37, 83, 128
Selbstzweifel 126
Seminare 150
Sexuelle Gewalt 160
Sicherheit 125
Sitzen, dynamisches 112
Snacking 146
Soft Skills 72
Soziale Dienste 154
Sozialkompetenz 14, 16, 72, 75
Stimme, innere 134
Stress 51, 132, 141
Stressfaktor 51
Stresssituationen, private 82

Tätigkeit, freiberufliche 128
Team 68, 70
Teamgeist 72
Teamkultur 78
Tradition 108
Trennung und Frauenrechte 161
Tropfenmassage 143

Überbrückungsgeld 128
Überforderung 12, 19, 63, 97, 105
Überforderungsreaktion, emotionale und kognitive 105
Überforderungsreaktion, vegetativ hormonelle 107

Umfeld, gesellschaftliches 98
Umfeld, soziales 86
Unterbrechung 61
Unzufriedenheit 85, 122

Verantwortung 13, 37, 89, 102
Verhandlungsführung 58
Verhandlungsklima 60
Verhandlungspartner 59
Vertrauenskultur 41
Vitalität 144
Vitamine 144
Vorbilder 108

Wahrnehmungskriterien 86
Warnsignale 23
Waterbalancing 20
Werte 97, 99-100, 108
Wertekoordinaten 85, 100
Wertewandel 99
Wohlbefinden 15, 104, 133, 144, 146
Work-Life-Balancing 22
Work-Mix 70

Zero Balancing® 20
Ziele 86, 95, 150
Zufriedenheit 52, 83, 86